Zur Reform des Wahlrechts

für die Zweite Sächsische Kammer.

———

Zur Reform des Wahlrechts

für die

Zweite Sächsische Kammer.

Von

Dr. jur. Otto Georgi.

Leipzig,
Verlag von Duncker & Humblot.
1906.

Vorwort.

Die Schrift, die ich hiermit der Öffentlichkeit übergebe, ist hervorgegangen aus einer Eingabe, die nur für das Königl. Ministerium des Innern bestimmt war. Da es eine Zeitlang schien, als ob die Regierung noch dem gegenwärtig tagenden Landtage eine Vorlage für die Wahlreform machen wollte und Se. Exzellenz der Herr Minister von Metzsch jedermann aufgefordert hatte, durch geeignete Vorschläge hierfür mitzuarbeiten, so wollte ich dem Königl. Ministerium einige Gedanken zur Erwägung unterbreiten. Als aber die Aussicht, daß die Kammern noch in dieser Session sich mit einer Regierungsvorlage würden zu beschäftigen haben, aus persönlichen und sachlichen Gründen mehr und mehr geschwunden war, habe ich mich entschlossen, meine Vorschläge zur öffentlichen Erörterung zu stellen. Ich habe sie deshalb mit mancherlei literarischem, statistischem und sonst erläuterndem Material begleitet, das dem Ministerium gegenüber hätte wegbleiben können. Möchte so die Schrift dazu helfen, daß die leitenden Gedanken, von denen aus die Reform des Wahlrechtes zu bewirken ist, sich auch im Urteile des Landes befestigen, und daß auf dieser Grundlage Regierung und Kammer die schwierige Aufgabe einer befriedigenden Lösung bald entgegenführen können.

Leipzig, Mitte Februar 1906.

Der Verfasser.

Wenn ich, ermutigt durch die vom Herrn Staatsminister von Metzsch wiederholt an jedermann gerichtete Aufforderung, an der Lösung der schwierigen Frage der Änderung des sächsischen Wahlgesetzes vom 28. März 1896 mitzuarbeiten, es unternehme, in nachstehendem einen Beitrag hierzu zu liefern, so möchte ich an die Spitze stellen, daß ich mir dabei der Schranken, die mir in subjektiver wie objektiver Hinsicht gesteckt sind, wohl bewußt bin. Die Regelung des Wahlrechtes eines Staates ist nicht bloß Sache der Erkenntnis, sondern auch des Willens der beteiligten Machtfaktoren. Dies hat für mich als derzeitiges Mitglied der ersten Kammer eine besondere Bedeutung: Sowohl die Regierung als die zweite Kammer haben ihre bestimmte Absicht, die Wahlreform wieder in Angriff zu nehmen, zu erkennen gegeben. Beiden Faktoren gegenüber würde es mir bedenklich erscheinen, wenn die erste Kammer im gegenwärtigen Stadium mit bestimmten Vorschlägen hervortreten und damit einerseits den Schein einer unerwünschten Beeinflussung erwecken und sich andererseits eine objektive Prüfung der von jenen Seiten zu erwartenden Vorschläge erschweren wollte. Was aber von der ersten Kammer als solcher gilt, hat auch für das einzelne Mitglied zu gelten. Ich betone daher, daß ich weder im Auftrage oder Einverständnis anderer Mitglieder der Kammer, noch überhaupt als Mitglied der Kammer spreche; ich spreche nur als einzelner Bürger des Staates. Als solcher aber halte ich mich für um so mehr berechtigt, meine Prüfung rein objektiv und unabhängig vornehmen und ihrem Ergebnis Ausdruck geben zu dürfen, als die erste Kammer bisher durch den eigentümlichen formellen Gang der Dinge noch gar nicht in die Lage gekommen ist, sich über die Frage auszusprechen, und sie auch in dem gegenwärtigen Landtage kaum mehr dazu kommen wird. Dafür beansprucht aber auch meine Stimme kein anderes Gewicht, als die jedes anderen Bürgers hat.

Und noch eine objektive Schranke ist gegeben:

Es kann nicht meine Hoffnung sein, mit ganz neuen Gedanken auf den Plan zu treten. Die verschiedenen in Frage kommenden Möglichkeiten der Lösung sind sowohl in der Denkschrift der Regierung, Dekret 24 vom 31. Dezember 1903, als in dem Berichte der Gesetzgebungsdeputation der zweiten Kammer vom 21. April 1904 (Drucksache 232 der zweiten Kammer) so erschöpfend behandelt, daß man nicht erwarten darf, neue Bausteine herbeizuführen. Es kann sich nur um eine Nachprüfung der Bewertung der einzelnen Bausteine, sowie um eine Prüfung der Frage handeln, ob nicht durch eine Verbindung von solchen die Bedenken gehoben werden können, die den Baustein in seiner Vereinzelung als untauglich erscheinen ließen.

Allgemeiner Standpunkt.

Wenn es zu dieser Prüfung unerläßlich ist, in der Auffassung des Staates, seiner Natur, seiner Aufgaben, seiner Rechte einen bestimmten grundlegenden Standpunkt einzunehmen, so kann es doch nicht meine Absicht sein, diesen Standpunkt ausführlicher theoretisch zu begründen. Ich muß mich im allgemeinen mit dem Glaubensbekenntnis begnügen, daß ich, wie es schon Platon und Aristoteles getan haben, den Staat als einen Organismus betrachte, innerhalb dessen und durch den der Mensch seinen sittlichen Zwecken nachleben

kann und soll. Ich möchte es kurz mit den Worten Hegels ausdrücken: „Der Staat ist der allgemeine, die besonderen und einzelnen Interessen in sich tragende, erhaltende und organisierende Wille; er ist ein sittlicher Organismus."
„Der verfassungsmäßige Staat ist in allen seinen Teilen, Ständen und Korporationen, Gemeinden und Distrikten vollkommen gegliedert, weshalb diese Teile nicht Teile, sondern Organe sind und er selbst ein lebendiges, darum individuelles Ganzes, eine Individualität, eine unteilbare Einheit, von welcher unabhängig nichts innerhalb derselben ist und besteht, so wenig als ein Glied unabhängig vom lebendigen Körper sein kann, wie z. B. der Magen unabhängig von den übrigen Gliedern oder umgekehrt"[1].

Es wird mancherlei Veranlassung geboten sein, auf diesen allgemeinen Standpunkt zurückzuverweisen, und daher schien es nicht überflüssig, ihn an die Spitze der Erörterung zu stellen, wenn es auch selbstverständlich ist, daß damit nicht ein allgemeiner Satz gewonnen sein soll, aus dem die Beantwortung aller weiteren Fragen deduktiv abgeleitet werden soll und kann.

Stellungnahme zur Frage des allgemeinen gleichen direkten Wahlrechts.

Gehe ich aber nun zu einer Prüfung dieser zu erledigenden Fragen selbst über, so ist es offenbar, daß man sich in erster Linie mit der des allgemeinen gleichen direkten Wahlrechtes abzufinden hat. Zwar nicht in dem Sinne, als ob bei der Regierung die Ablehnung dieses Wahlrechtes nicht bereits feststände. Das nehme ich nicht an. Aber das allgemeine gleiche Wahlrecht hat in der konstitu-

---

[1] Vergl. Kuno Fischer, Hegels Leben, Werke und Lehre. II. Teil, S. 726 fg.

tionellen Entwicklung des Deutschen Reiches eine solche Be=
deutung gewonnen, es greift bereits in die Verfassung ein=
zelner Bundesstaaten über, und es scheint seinen Siegeszug
bereits auf Länder erstrecken zu wollen, die man am wenigsten
reif dafür zu halten geneigt ist; da genügt es nicht, sich
darauf zu beschränken, zu sagen, daß man es nicht will,
sondern man muß den Nachweis zu führen versuchen, daß
man das bessere und höhere Recht hat, es nicht zu
wollen.

Dieser Nachweis wird zwar ein prinzipieller sein müssen,
aber ich möchte im voraus bemerken, daß er nur eine
relative Bedeutung haben kann und soll, nämlich für unsere
sächsischen Verhältnisse, daß es mir also fern liegt, damit die
Frage entscheiden zu wollen, ob das im Deutschen Reich ein=
geführte allgemeine gleiche Wahlrecht beschränkt wrrden soll,
und ebenso, daß es auch Länder geben kann, wo es völlig
zulässig, ja angezeigt erscheint, das allgemeine gleiche Wahl=
recht zu belassen oder einzuführen. Das hängt eben von der
organischen Beschaffenheit des Landes und der Wirkung des
Wahlrechtes ab. Hier habe ich zunächst nur die Verhältnisse
des Staates Sachsen ins Auge zu fassen.

Bei deren Betrachtung aber möchte ich zuvörderst einen
auch für die Einführung des allgemeinen gleichen Wahlrechts
angeführten Grund erledigen, nämlich den, daß es in der
Konsequenz der Einführung dieses Wahlrechtes im Deutschen
Reiche liege, es auch in den Einzelstaaten zur Geltung zu
bringen. Es ist ja nicht zu verkennen, daß, wie M. v. Mohl[1]
es bereits ausgesprochen hat, jene plötzlich ausgeführte Maß=
regel alle noch auf engeren Grundlagen ruhenden und Be=
vorzugungen anerkennende Organismen in eine völlig schiefe

---

[1] Die geschichtlichen Phasen des Repräs.=Systems in Deutsch=
land in der Zeitschrift für die ges. Staatswissenschaft, Jahrg. 1871, S. 51.

Stellung gebracht und ihnen den Stempel der Unfreiheit und der Veraltung aufgedrückt hat. Erwägungen solcher Art haben ja auch bereits im Jahre 1868 in Sachsen, nach seinem Eintritt in den Norddeutschen Bund, zu einer Reform des Wahlrechtes geführt. Aber derselbe Verfasser sagt auch als Gegner des allgemeinen gleichen Wahlrechtes a. a. O. S. 278: „Unsere ihige Aufgabe ist, das noch Bestehende zu erhalten, dabei aber die Falschheit des Grundgedankens jenes allgemeinen Rechtes theoretisch nachzuweisen, in der Hoffnung einer künftigen Anerkennung und daraus folgender Umkehr." So hat denn auch der führende Staat im Reiche, Preußen, bis jetzt noch nicht sich entschließen können, sein mannigfach der Verbesserung bedürftiges Wahlrecht zu ändern. Und jedenfalls ist der Gedanke geschichtlich nicht berechtigt, daß es im Wesen eines **Bundesstaates** liege, dieses Wahlrecht im Bunde und den Einzelstaaten einheitlich zu gestalten. Die großen Lehrmeister auf dem Gebiete der Entwicklung des bundesstaatlichen Gedankens, die Vereinigten Staaten von Nordamerika, haben sich eines solchen Eingriffes in die Souveränität der Einzelstaaten wohl enthalten; ja, dies gilt nicht nur für die Bildung der Organe der Einzelstaaten, sondern übt seine Wirkung auch auf die Bildung der Organe des Bundes selbst aus. Die betreffende Bestimmung der Verfassung sagt nur: daß die Mitglieder des Repräsentantenhauses des Bundes ihr Mandat durch **direkte** Wahl erhalten sollen; die Wähler in jedem Staate aber sollen dieselben Qualifikationen haben, die **von den Wählern des zahlreichsten Zweiges der Staatslegislatur** gefordert werden. Das aktive Wahlrecht für das Repräsentantenhaus ist also nicht durch die Verfassung oder durch Bundesgesetz für die ganzen Ver. Staaten in gleicher Weise festgesetzt; es kann in jedem Staate an andere Bedingungen geknüpft werden, und es besteht auch tatsächlich noch keine volle Uniformität¹. Ebenso wird indirekt ein Einfluß auf die Zusammensetzung der Bundesorgane ausgeübt durch die Funktionen der Legislaturen der Einzelstaaten bei der Wahl der Bundessenatoren und bei den Bestimmungen über die Wahl der Elektoren für die Ernennung des Präsidenten und Vizepräsidenten des Bundes. Diese Legislaturen aber gehen aus verschiedenartigem Wahlrecht hervor.

Auch in der Schweiz ist den Einzelkantonen die Freiheit gelassen, für ihre Zwecke die Wahlrechte selbständig zu regeln, und je nach Beschaffenheit der Kantone ist auch die Regelung verschiedenartig erfolgt. Man wird also auch im Deutschen Reiche gewiß nicht sagen können, daß, wenn auch die Reichs= verfassung formell den Einzelstaaten die selbständige Regelung ihres Wahlrechtes überläßt, es doch im Grundgedanken einer Bundesverfassung liege, das Wahlrecht uniform zu gestalten. Und dies um so weniger, als ja im Deutschen Reiche wegen des Fehlens eines Staatenhauses auch jede Ver= bindung zwischen den Legislaturen der Einzelstaaten und dem Reiche fehlt. Die Frage ist wegen Mecklenburg wieder= holt zur Sprache gekommen, und so wünschenswert es sein mag, daß in den Einzelstaaten eine gewisse Überein= stimmung in dem Grundgedanken der verfassungsmäßigen Entwicklung vorhanden sei, so wird man doch nicht über die dargelegten formellen Grenzen hinausgehen dürfen, und das einseitige Vorgehen der süddeutschen Staaten in ihren Wahl= reformen läßt ja eine Übereinstimmung weiter als je ent= fernt erscheinen².

Prüft man also unabhängig von dieser Rücksicht die

---

[1] v. Holst, Das Staatsrecht der Vereinigten Staaten von Amerika (in der Marquardsenschen Sammlung), S. 40 fg. — Fisk, Stimmrecht und Einzel= staat in den Vereinigten Staaten von Nordamerika.

[2] Diese Bemerkungen waren geschrieben, bevor in der Reichstagssitzung vom 7. Februar die angeregte Frage in so höchst bedenklicher Weise wieder zur Erörterung gekommen war.

Frage des allgemeinen gleichen Wahlrechtes, so muß man gewiß Mohl beipflichten, wenn er sagt: „Die Forderung eines allgemeinen Stimmrechtes als eines Ausflusses angeborener Menschenrechte ist so unbedingt und einfach, daß sich nichts daran klügeln oder abdingen läßt. Man muß den Grundsatz leugnen oder alles zugeben." In dieser Einfachheit des Grundsatzes liegt ja seine große werbende Kraft. Aber warum kann man ihn leugnen?

Es ist zunächst mit vollem Rechte darauf hingewiesen worden, daß, wenn das Wahlrecht ein angeborenes Menschenrecht wäre, es jedem geborenen Menschen zustehen müßte, also insonderheit den Frauen, und für diese wird es ja vielfach gefordert, aber auch Minderjährigen und sonst Handlungsunfähigen, daß also, wenn man die Ausübung des Rechtes nicht allen Menschen in diesem Umfange zugesteht, doch noch andere Gesichtspunkte dafür maßgebend sein müssen, die sich aus der Natur des Rechtes ergeben. Der Grundgedanke der Forderung liegt aber noch tiefer, er beruht in dem Grunddogma der Aufklärung, daß der einzelne Mensch, wie er aus der Natur hervorgeht, unverkünstelt und unverdorben durch die Einflüsse der Bildung, gut ist. Aus diesem Glauben an die Wahrheit des natürlichen Menschen erwächst die Überzeugung von der Ungerechtigkeit aller Differenzierung der Individuen durch Entwicklung, Bildung, soziale Abstufung, Standesunterschiede u. s. f., kurz gesagt, der Glaube, daß die Menschen von Natur gleich seien und daß all ihre Ungleichheiten im Reiche der Bildung unter der Herrschaft der Staatsmacht und des Reichtums, alle diese Ungleichheiten an Besitz und Rang zu den verdorbenen Zuständen und den verderblichen Übeln gehören, welche man ausrotten müsse. Zu der Freiheit kommt die Gleichheit, zu der „Liberté" die „Egalité". Beide verhalten sich wie Grund und Folge[1].

---

[1] Vergl. Kuno Fischer, Hegel I S. 398.

Mit zornigen Worten hat sich Hegel gegen diese Anschauung gewendet (a. a. O. S. 400 fg.): „Jenes Grunddogma der Aufklärung, daß die Menschen von Natur gleich sind und durch die Kultur ungleich gemacht werden, ist grundfalsch: sie sind von Natur ungleich und kommen, bei fortschreitender Differenzierung, **auf dem Wege der Kultur und der sittlichen Organisationen zu der wechselseitigen Anerkennung und moralischen Geltung, worin das Maß der erreichbaren und gesetzlichen Gleichheit besteht**. Aber die **absolute** Freiheit fordert die **natürliche** Gleichheit, und da ihr das Gegenteil beständig im Wege steht und widerstrebt, nämlich die Ungleichheit der wirklichen Individuen, so sieht sich die absolute Freiheit genötigt, diese Wirklichkeit zu vertilgen und die wegen der Ungleichheit ihrer Gesinnungen verdächtigen Individuen zu töten. Gleichmachen heißt die Köpfe abschneiden, denn diese tragen die Ungleichheiten der Begabungen, Kenntnisse, Gesinnungen, Einbildungen u. s. f. Wie die Friseure die Haare schneiden und gleichmachen, so hat die französische Revolution den Staat frisiert, in der Erwartung, daß die Schrecken des Todes die Ungleichheiten der Gesinnung bis auf die letzten Spuren verscheuchen werden. Um die Menschen zu egalisieren, hat man sie dekapitiert und die Köpfe abgeschnitten, wie man Haare abschneidet. Nie in der Welt ist der Tod bedeutungsloser gewesen. Das einzige Werk und Tat der allgemeinen Freiheit ist daher der Tod . . ., der kälteste, platteste Tod, ohne mehr Bedeutung als das Durchhauen eines Kohlhauptes oder ein Schluck Wasser. In der Plattheit dieser Silbe besteht die Weisheit der Regierung, der Verstand des allgemeinen Willens, sich zu vollbringen."

Hegel hat diese Worte unter dem Eindruck der französischen Revolution geschrieben, aber wem erscheinen sie heute nicht in der Beleuchtung der russischen Revolution, wo die von

Hegel charakterisierte Weltanschauung in Morden, Brand und Vernichtung aller staatlichen Tätigkeit sich durchzusetzen versuchte?

Es ist ja bekannt, daß gerade in diesem Punkte, in der Auffassung des Menschen in seiner „Vergottung", der Junghegelianismus, unter der Führung von Feuerbach, sich von dem Meister und Lehrer getrennt hat. „Der Mensch betrachtet sein eigenes Gattungswesen, so wie er selbst zu sein wünscht, als Gott", und es ist weiter bekannt, welche Anregung die wissenschaftlichen Väter des deutschen Sozialismus, Marx und Engels, durch Feuerbach erhielten[1].

Aber es ist doch andrerseits anzuerkennen, daß sie die Frage der „Gleichheit" ruhig und objektiv beurteilt haben. So namentlich hat Friedrich Engels in seinem sog. Anti=Dühring in Abschnitt I, Kap. X die Frage der Gleichheit gegenüber Dühring kritisch besprochen. Er faßt seine Erörterungen in folgendem zusammen (S. 104):

„Die Gleichheitsforderung im Munde des Proletariats hat somit eine doppelte Bedeutung. Entweder ist sie — und dies ist namentlich in den ersten Anfängen, z. B. im Bauernkrieg, der Fall — die naturwüchsige Reaktion gegen die schreienden sozialen Ungleichheiten, gegen den Kontrast von Reichen und Armen, von Herren und Knechten, von Prassern und Verhungernden; als solche ist sie einfach Ausdruck des revolutionären Instinktes und findet darin, und auch nur darin, ihre Rechtfertigung. Oder aber, sie ist entstanden aus der Reaktion gegen die bürgerliche Gleichheitsforderung, zieht mehr oder weniger richtige weitergehende Forderungen aus dieser, dient als Agitationsmittel, um die Arbeiter mit den eignen Behauptungen der Kapitalisten gegen die Kapitalisten auf=

---

[1] Vergl. Friedrich Engels, Ludwig Feuerbach und der Ausgang der klassischen deutschen Philosophie.

zuregen, und in diesem Fall steht und fällt sie mit der bürgerlichen Gleichheit selbst. In beiden Fällen ist der wirkliche Inhalt der proletarischen Gleichheitsforderung die Forderung der Abschaffung der Klassen. Jede Gleichheitsforderung, die darüber hinausgeht, verläuft notwendig ins Absurde . . .

„Somit ist die Vorstellung der Gleichheit, sowol in ihrer bürgerlichen wie in ihrer proletarischen Form, selbst ein geschichtliches Produkt, zu deren Hervorbringung bestimmte geschichtliche Verhältnisse notwendig waren, die selbst wieder eine lange Vorgeschichte voraussetzen. Sie ist also alles, nur keine ewige Wahrheit. Und wenn sie sich heute für das große Publikum — in einem oder im andern Sinne — von selbst versteht, wenn sie, wie Marx sagt, ‚bereits die Festigkeit eines Volksurteils besitzt, so ist das nicht die Wirkung ihrer axiomatischen Wahrheit, sondern Wirkung der allgemeinen Verbreitung und der andauernden Zeitgemäßheit der Ideen des achtzehnten Jahrhunderts. Wenn also Herr Dühring seine berühmten beiden Männer so ohne weiteres auf dem Boden der Gleichheit kann wirtschaften lassen, so kommt dies daher, daß dem Volksvorurteil dies ganz natürlich vorkommt. Und in der Tat, Herr Dühring nennt seine Philosophie die natürliche, weil sie von Dingen ausgeht, die ihm ganz natürlich vorkommen. Warum aber sie ihm natürlich vorkommen — danach fragt er freilich nicht."

Damit ist also die Frage dem Naturrechte entnommen und in die Relativität der geschichtlichen Entwicklung versetzt, und von diesem Boden aus ist sie zu prüfen.

Will man aber diese geschichtliche Entwicklung nicht vom Standpunkte des Fatalismus aus beurteilen, und das Volksvorurteil nicht als eine gegebene Tatsache hinnehmen, sondern als eine Erscheinung betrachten, zu der man mit seinem Willen Stellung zu nehmen hat, so darf und muß man fragen, wohin führt das allgemeine gleiche Wahlrecht? was beabsichtigen seine Vertreter?

Es liegt in dem Subjektivismus unserer Zeit, daß man immer geneigt ist, die Dinge nur vom Standpunkte der Rechte des einzelnen Subjektes zu betrachten; man übersieht dabei, daß das Objekt dieser Rechte vielfach andere Subjekte sind, daß damit die Rechtssphären sich schneiden, und daß es deshalb eben Aufgabe des Staates und des Rechtes ist, die Ausgleichung für diese sich widersprechenden Rechtsansprüche zu finden. Dieser innere Widerspruch macht sich namentlich in der Demokratie geltend; Teilnahme am Regimente ist Herrschaft, also Beschränkung der Freiheit anderer. Die Konsequenz dieses inneren Widerspruchs ist ja der Anarchismus, der in Max Stirner[1] einen typischen Vertreter und in seinem Worte: „Mir geht nichts über Mich" einen berüchtigten Ausdruck gefunden hat.

So fragt Bernstein:[2]

„Was ist Demokratie?

Die Antwort hierauf scheint sehr einfach: auf den ersten Blick möchte man sie mit der Übersetzung: ‚Volksherrschaft' für abgetan halten. Aber schon ein kurzes Nachdenken sagt uns, daß damit nur eine ganz äußerliche, rein formale Definition gegeben ist, während fast alle, die heute das Wort Demokratie gebrauchen, darunter mehr wie eine bloße Herrschaftsform verstehen. Viel näher werden wir der Sache kommen, wenn wir uns negativ ausdrücken und Demokratie mit Abwesenheit von Klassenherrschaft übersetzen als Bezeichnung eines Gesellschafts-

---

[1] Max Stirner, Der Einzige und sein Eigentum.
[2] Ed. Bernstein, Voraussetzungen des Sozialismus.

zuſtandes, wo keiner Klaſſe ein politiſches Privilegium gegenüber der Geſamtheit zuſteht...... Dieſe negative Erklärung hat außerdem den Vorteil, daß ſie weniger als das Wort Volksherrſchaft dem Gedanken der Unterdrückung des Individuums durch die Mehrheit Raum gibt, der dem modernen Bewußtſein unbedingt widerſtrebt. Wir finden heute die Unterdrückung der Minderheit durch die Mehrheit undemokratiſch, obwohl ſie urſprünglich mit der Volksherrſchaft durchaus vereinbar gehalten wurde. In dem Begriffe Demokratie liegt eben für die heutige Auffaſſung eine Rechtsvorſtellung eingeſchloſſen: die Gleichberechtigung aller Angehörigen eines Gemeinweſens, und an ihr findet die Herrſchaft der Mehrheit, worauf in jedem konkreten Fall die Volksherrſchaft hinausläuft, ihre Grenze. Je mehr ſie eingebürgert iſt und das allgemeine Bewußtſein beherrſcht, um ſo mehr wird die Demokratie gleichbedeutend mit dem höchſtmöglichen Grad von Freiheit für Alle."

Bernſtein kommt von dieſem Standpunkt aus zwar nicht zur Verneinung des allgemeinen Wahlrechts; er hofft vielmehr, daß mit einem Aufbau von unten und mit der Beteiligung an den Aufgaben des Staates die Demokratie in der von ihm bezeichneten Weiſe ſich entwickeln werde, aber er fragt deshalb doch auch (S. 127):

„Hat es einen Sinn, die Phraſe von der Diktatur des Proletariats zu einer Zeit feſtzuhalten, wo an allen möglichen Orten Vertreter der Sozialdemokratie ſich praktiſch auf den Boden der parlamentariſchen Arbeit, der zahlengerechten Volksvertretung und der Volksgeſetzgebung ſtellen, die alle der Diktatur widerſprechen. Sie iſt heute ſo überlebt, daß ſie mit der Wirklichkeit nur dadurch zu vereinen iſt, daß man das Wort Diktatur ſeiner faktiſchen Be=

deutung entkleidet und ihm irgend welchen abgeschwächten Sinn beilegt."

In der Tat ist ja die sozialdemokratische Partei schon in ihren eigenen Reihen vor die Alternative: Herrschaft oder Freiheit gestellt. Der Fall „Göhre" schon hat dem Sozialisten Edmund Fischer Anlaß gegeben, in einem Artikel der Sozialistischen Monatshefte, Juni 1904, überschrieben: Freiheit, Demokratie, Disziplin, sich sehr energisch gegen die Unterdrückung der Freiheit in der Partei zu wenden. Er sagte u. a. im Anschluß an Franz Lieber (Über bürgerliche Freiheit und Selbstverwaltung):

„Wir könnten weit richtiger sagen, daß wahrscheinlich dort Freiheit besteht, wo die Minderzahl beschützt ist, obwohl die Mehrheit herrscht. Aber in diesem letzteren Fall macht der Schutz der Minderzahl, mit andern Worten, Rechte, welche außer dem Bereiche der Mehrzahl liegen, die Freiheit aus, nicht aber die Macht der Mehrzahl. Das beste Zeichen, daß ein Volk wirklich frei, ist die Sicherheit der Minoritäten, schreibt Acton.

„Zur Demokratie gehört also nicht nur das Recht der Mehrheit und die Sicherheit der Minoritäten, der Mangel an Duldung ist das Schandmal der Willkürherrschaft, das Bestehen einer Gegenpartei der Ruhm der Freiheit; Freiheit gewährt Mannichfaltigkeit; der Zwingherr, sei er einer oder eine Volksmasse, nennt jeden Ketzer, der anders denkt oder fühlt."

In den letzten Jahren aber sind die Parteitage der sozialdemokratischen Partei zu ökumenischen Konzilien geworden, bestimmt, die Dogmen der Partei gegen den mehr und mehr hervortretenden Gnostizismus der Revisionisten sicherzustellen, und wer heute mit der Sozialdemokratie zu rechnen hat, darf nur mit dieser Richtung rechnen. Und die Antwort, die der orthodoxe Dogmatiker der Partei,

Kautsky[1], auf die obigen Ausführungen Bernsteins gegeben hat, ist deutlich genug; er sagt u. a. (S. 171):

„Sicher ist die Demokratie die unentbehrliche Vorbedingung der Aufhebung der Klassenherrschaft, aber deswegen, weil sie die einzige politische Form bildet, in der das Proletariat zur Klassenherrschaft kommen kann, die es, als unterste Klasse, naturgemäß dazu benutzen muß, alle Klassenunterschiede aufzuheben. **Ohne Klassenherrschaft des Proletariats keine Aufhebung der Klassen.**

„Bernstein aber graut es vor dieser Klassenherrschaft; er sucht daher in der Demokratie das Mittel, das die Klassenherrschaft ‚im Prinzip' aufhebt und dadurch die des Proletariats überflüssig macht."

Der Berufung Bernsteins „auf die Praxis" stellt er die Bemerkung entgegen: „Wo diese Praxis zu finden, sagt er uns nicht." Kautsky fährt dann auf S. 172 fort:

„Ich will nicht darauf schwören, daß die Klassenherrschaft die Formen einer Klassendiktatur annehmen muß. Aber daß die demokratischen Formen bereits genügen, die Klassenherrschaft des Proletariates für seine Emanzipation überflüssig zu machen, wird durch die bisherige Praxis und ihre weiteren Aussichten keineswegs bewiesen."

Jedenfalls werden andere auch nicht darauf „schwören" können, daß die Klassenherrschaft des Proletariats nicht die Form der Klassendiktatur annehme, und werden sich danach zu richten haben.

Mit Recht aber sagt Kautsky a. a. O. S. 179:

„Eine jede lebenskräftige Partei muß darauf gefaßt sein, daß ihr die Staatsgewalt zufällt; sie muß daher jeder-

---

[1] Kautsky, Bernstein und das sozialdemokratische Programm.

zeit wissen, welchen Zwecken sie diese Gewalt dienstbar machen will. Sie muß auf diese Frage stets Antwort geben können, will sie propagandistische Kraft entfalten. Eine Partei, die von vornherein erklärt, sie könne nur in der Opposition sich ersprießlich betätigen, sie strebe nur nach Macht, nicht nach der Macht, würde sich selbst lahm= legen und alles Vertrauen in der Volksmasse verlieren."

Man muß also fragen, welchen Zwecken will die Sozialdemokratie die durch das allgemeine, gleiche Wahlrecht zu erwerbende Gewalt dienstbar machen?

Und die Antwort hierauf hat auch die Sozialdemokratie immer rückhaltlos gegeben. Schon Lassalle hatte in seinem Offenen Antwortschreiben mit den Worten geschlossen:

„Aber das allgemeine Wahlrecht von 89 bis 96 Pro= zent der Bevölkerung als Magenfrage aufgefaßt und daher auch mit der Magenwärme durch den ganzen nationalen Körper hinverbreitet, seien Sie ganz unbesorgt, meine Herrn, es gibt keine Macht, die sich dem lange widersetzen würde. Dies ist das Zeichen, in dem Sie siegen werden. Es gibt kein anderes für Sie."[1]

Karl Marx hatte bereits in Paris, wie Mehring in in den Gesammelten Schriften von Marx und Engels (Bd. II S. 30) ausführt, im Gegensatz zu Ruge den Standpunkt ge= wonnen, daß ihm der Sozialismus die übergeordnete In= stanz, die Politik nur ein unentbehrliches Mittel war. An diesem Standpunkte haben Marx und Engels immer fest= gehalten. In klassischer Weise ist er im kommunistischen Manifeste zum Ausdrucke gekommen, und daß der herrschende Marxismus daran festhält, das bezeugt unzweideutig Kautsky a. a. O. So sagt er S. 180:

---

[1] Vergl. Mehring, Geschichte der deutschen Sozialdemokratie. Zweiter Teil. S. 24.

„Zweierlei muß dagegen ein proletarisches Regime überall anstreben: einmal die Aufhebung des privaten Charakters der großen kapitalistischen Monopole und dann die Beseitigung der Arbeitslosigkeit, die Aufhebung der industriellen Reserve-Armee. Damit aber trifft er die kapitalistische Produktionsweise ins Herz . . . . Der Übergang zur sozialistischen Produktion würde sich dem siegreichen Proletariat selbst dann aufdrängen, wenn es sie nicht von vornherein anstrebte, sondern sich einfach von der Logik seiner Klasseninteressen treiben ließe. Mit anderen Worten: **kapitalistische Produktion und politische Herrschaft des Proletariats sind unvereinbar mit einander.** Organisiert sich das Proletariat als selbständige politische Partei, die bewußt den Klassenkampf kämpft, dann muß die **Aufhebung des Privateigentums** an den kapitalistischen Produktionsmitteln und die Aufhebung der kapitalistischen Privatproduktion ihr Ziel werden; sie muß den Sozialismus nicht als Vollendung, sondern als **Überwindung des Liberalismus** zu ihrem Panier machen; sie kann nicht eine Partei sein, die sich auf demokratisch-sozialistische Reformen beschränkt, sie muß eine Partei der **sozialen Revolution** werden."

Wer also zu der Frage des allgemeinen gleichen Wahlrechts Stellung nimmt, der muß sich darüber klar werden, daß es sich nicht nur um eine politische, sondern um die tiefgreifendste ökonomische Frage handelt. Je unverhohlener aber dieses ökonomische Ziel an die Spitze gestellt wird, desto auffälliger muß es sein, daß die Partei nicht nur nie es für ihre Aufgabe gehalten, sondern es sogar immer abgelehnt hat, die von ihr geforderte sozialistische Produktionsweise wissenschaftlich zu erörtern. Sie hat das immer in das Reich der Utopien verwiesen und sich mit Hegelscher Dialektik begnügt. Das kommunistische Manifest gibt nur ganz vage Andeutungen darüber, wie es sich den Übergang in fortgeschrittenen Ländern denkt. Engels in seinem Anti-Dühring gibt eigentlich nur zwei Andeutungen: einmal nicht nur die gleiche Entlohnung aller Arbeit, sondern auch die Beseitigung aller Differenzierung der Arbeit. Er sagt S. 213:

„Der dem Herrn Dühring überkommenen Denkweise der gelehrten Klassen muß es allerdings als eine Ungeheuerlichkeit erscheinen, daß es einmal keine Karrenschieber und keine Architekten von Profession mehr geben soll, und daß der Mann, der eine halbe Stunde lang als Architekt Anweisungen gegeben hat, auch eine Zeit lang die Karre schiebt, bis seine Tätigkeit als Architekt wieder in Anspruch wird. Ein schöner Sozialismus, der den Karrenschieber von Profession verewigt."

Also keine spezielle Berufsbildung mehr, sondern Wechsel zwischen den herterogensten Beschäftigungen nach Anweisung der leitenden Produktion. Wie freilich die Produktion dabei wegkommen soll, das kümmert den Verfasser nicht; er begnügt sich damit, zu sagen, daß in der sozialistisch organisierten Gesellschaft diese die Kosten der Ausbildung bestreitet, daß ihr daher auch die Früchte, die erzeugten größeren Werte, gehören.

„Der Arbeiter selbst hat keinen Mehranspruch. Woraus nebenbei noch die Nutzanwendung folgt, daß es mit dem beliebten Anspruch des Arbeiters auf „den vollen Arbeitsertrag" doch auch manchmal seinen Haken hat."

Die andere Andeutung ist die Beseitigung und der Untergang der großen Städte, S. 320 a. O.:

„Die Zivilisation hat uns freilich in den großen Städten eine Erbschaft hinterlassen, die zu beseitigen viel Zeit und Mühe kosten wird. Aber sie müssen und werden beseitigt werden, mag es auch ein langwieriger Prozeß sein."

Ob beide Perspektiven auch nur für die besseren Arbeiter sehr verlockend sind, erscheint sehr zweifelhaft. Es sind ja verschiedene Versuche gemacht worden, Zukunftsbilder zu entwerfen. Ein solches[1] ist sogar von Kautsky einer Vorrede gewürdigt worden. Der Verfasser hat es mit einer bemerkenswerten Detailprüfung unternommen, die zukünftige Produktion zu schildern. Aber Kautsky bemerkt auch hierzu:

„Die sozialdemokratische Partei hat es stets abgelehnt und mußte es ablehnen, sich auf irgend eine Zukunftskonstruktion zu verpflichten, sie als das von ihr angestrebte Ziel zu bezeichnen."

Er läßt deshalb auch die betr. Arbeit nur als eine Art defensiver Zukunftskonstruktion gelten, die hauptsächlich die beiden Einwände entkräften soll, daß der Sozialismus gegen die „Menschennatur" verstoße, und dann der, daß seine Gleichheit die des Elends bedeute. Bezüglich des ersteren versteigt er sich zu dem Satz, daß, wenn der Sozialismus eine gesellschaftliche Notwendigkeit sei, dann, wenn er in Konflikt mit der Menschennatur käme, diese es wäre, die den kürzeren ziehen würde und nicht der Sozialismus. Also eine gegen die Menschennatur gehende gesellschaftliche Notwendigkeit. Als ob der Sozialismus nicht seine ganze Berechtigung aus der Menschennatur zöge und ziehen müßte. Den Ausführungen von „Atlantikus" wird man schwerlich eine praktische Defensivkraft beilegen.

Es macht sich hier eben einerseits die materialistische Geschichtsauffassung mit ihrem Fatalismus geltend, die doch andrerseits jeder Zeit in eine gewaltsame Tätigkeit umzuschlagen bereit ist. Es ist daher nicht zu verwundern, wenn

---

[1] Atlantikus, ein Blick in den Zukunftsstaat.

Revisionisten und Gewerkschaften davor warnen, ohne genügende Entwicklung auf dem Boden der jetzigen Gesellschaftsordnung, ohne Schulung, ohne Plan in die ungeheure Verantwortung der Übernahme der Produktion für die ganze Gesellschaft hineinzuspringen. Sie predigen tauben Ohren; Kautsky sagt a. a. O., S. 191:

"Zunächst muß ich beschämt gestehen, daß ich über das Unheil, das uns droht, wenn wir sofort an die Macht kommen, vor Bernsteins Broschüre recht wenig nachgedacht habe. Die Gefahr, wir könnten morgen als Diktatoren von Deutschland aufwachen, war stets die geringste meiner Sorgen."

Dabei sagt er aber:

"Eine Partei, die existiert, muß kämpfen, und kämpfen heißt um den Sieg ringen. Und wer um den Sieg ringt, muß immer mit der Möglichkeit rechnen, daß er Sieger bleibt."

Aber was er, wenn diese Möglichkeit eintritt, anfangen soll, darüber hat er noch nicht nachgedacht. Und dabei mahnt die Geschichte an den furchtbaren Ernst der Lage. Der bekannte Sozialist Proudhon, der in den stärksten Ausdrücken das allgemeine Wahlrecht verurteilt hat[1], berichtet über die Zeit die der Revolution von 1848 vorausging, und sagt u. a.:

"Ich weinte über den armen Arbeiter, dem ich zum voraus die Arbeit entrissen, den ich mehrjährigem Elend preisgegeben sah, über den Arbeiter, dessen Verteidigung mein Leben gewidmet und dem zu helfen ich machtlos war. Ich weinte über die Bourgeoisie, ich sah sie ruiniert, im Bankerott, aufgehetzt gegen das Proletariat; der Antagonismus der Ideen und das Verhängnis der Umstände

---

[1] Vergl. Mühlberger, Proudhons Theorie des allgemeinen Wahlrechts in Hirths Annalen des Deutschen Reiches, Jahrg. 1891, S. 169.

zwangen mich, sie zu bekämpfen, damals, als ich lieber denn irgend jemand geneigt war, sie zu beklagen . . .

„Diese Revolution, welche im Begriffe war, über die öffentliche Ordnung hereinzubrechen, war das Anfangs= datum einer sozialen Revolution, von der **niemand etwas verstand**. Entgegen aller Erfahrung, entgegen der bis jetzt in der historischen Entwicklung unwandelbar befolgten Ordnung der Dinge war die **Tatsache** im Be= griffe, vor die **Idee** gehetzt zu werden, als hätte die Vor= sehung diesmal lieber schlagen, als warnen wollen."

Wir sehen dieselben Vorgänge vor unsern Augen sich wiederholen; in Rußland hat man auch die Tatsachen vor die Idee zu setzen gesucht und namenloses Elend zumal über die Arbeiter dabei heraufbeschworen. Bernstein sagt a. a. O. S. 185:

„Und darum wundert es mich auch gar nicht, wenn derselbe Plechanow, den es empört, die Lage der Ar= beiter als nicht hoffnungslos dargestellt zu sehen, für meine Ausführungen über die Unmöglichkeit, in absehbarer Zeit das Prinzip der wirtschaftlichen Selbstverantwortlichkeit preiszugeben, nur das vernichtende Urteil „spießbürgerlich" hat. **Man ist nicht umsonst Philosoph der Un= verantwortlichkeit.**"

Derselbe Philosoph der Unverantwortlichkeit hat in den russischen Vorgängen als Mitglied des Generalrats der russischen sozialdemokratischen Partei sehr wesentlich die Hand im Spiele gehabt[1]. Und der Parteitag von Jena sowie die Ereignisse seit= dem haben es mit Deutlichkeit erwiesen, daß auch bei uns die führenden Personen jederzeit bereit sind, russisch zu reden und eine soziale Revolution zu machen, „von der noch niemand

---

[1] Vergl. u. a. das Manifest an die zivilisierte Welt, mitgeteilt in den Dokumenten des Sozialismus, Februar 1905.

etwas versteht, zu verstehen sich auch nur die Mühe gibt. Wie kann man da praktischen Staatsmännern und Politikern ansinnen, den Anfang einer Entwicklung mitzumachen, die der erste Schritt sein soll zu der weiteren Entwicklung der Herrschaft des Proletariats und Umwälzung der heutigen Gesellschaft, um sie in ein unbekanntes Chaos hineinzustoßen?

Man braucht gar nicht an die starke Reaktion zu denken, die auf g e i s t i g e m Gebiete gegen solche Verflachung der menschlichen Persönlichkeit schon sich geltend gemacht hat (ich erinnere nur an Nietzsche), und die gewiß mit furchtbarer Gewalt dagegen sich empören würde. Aber schon v o m S t a n d = p u n k t e d e r V e r b e s s e r u n g d e r ö k o n o m i s c h e n L a g e d e r a r b e i t e n d e n K l a s s e n kann niemand, der sich seiner Verantwortung bewußt ist, zur Beschreitung dieses Weges sich verstehen.

Die Gefahr der Lage aber ist um so größer, als es gewichtige Strömungen sind, die der sozialistischen Bewegung durch Forderung des allgemeinen gleichen Wahlrechtes zu Hilfe kommen. Schon im Jahre 1871 hat R. v. Mohl in dem angeführten Aufsatze gesagt (S. 51):

„Der Wagen ist im Rollen, und Reue wird, wenn sie eintritt, zu spät sein. Dies aber um so gewisser, als eine außerstaatliche, aber in die Staatsangelegenheiten mit offen ausgesprochener Feindseligkeit eingreifende Macht, der ultramontane katholische Klerus, sich das ihm unerwartet und unvorsichtig genug hingeworfene Werkzeug nicht so leicht mehr wird entwinden lassen.!

Und ferner, wo er über die republikanischen und sozialistischen Richtungen spricht (S. 58):

„Eine genauere Betrachtung zeigt aber, daß von beiden Seiten (Ultramontanismus einer= und Sozialismus andrerseits) für die staatlich republikanische Partei wenig zu hoffen ist.

Was die Ultramontanen betrifft, so sind allerdings auch für sie zur Förderung ihrer Zwecke systematische Angriffe auf die bestehenden Regierungen erforderlich, und sie wenden, neben einigen ihnen eigentümlichen, die gleichen Mittel in Presse, Vereinen usw. an. So können dann beide zunächst zusammengehen, und es sind bereits an einigen Orten, so in Bayern und Baden, Verbindungen zwischen ihnen geschlossen.

Die „katholische Volkspartei" ist erfunden worden. So bedeutend nun aber dies, bei dem unleugbaren Einflusse der Ultramontanen auf gewisse Volksmassen, zu sein scheint, so ist doch unzweifelhaft dieser Bundesgenosse den Republikanern schließlich gefährlich. Die Zwecke der beiden Parteien sind nicht nur verschieden, sondern einander schnurgerade entgegengesetzt. Die Ultramontanen beabsichtigen eine theokratische Herrschaft für sich, und von einer politischen Selbstbestimmung und Selbstregierung des Volkes kann bei ihnen keine Rede sein. Kämen sie zur Herrschaft, so würden sie die rein monarchisch Gesinnten, die Konstitutionellen und die Republikaner gleichförmig unterwerfen und unterwerfen m ü s s e n. Dies ist so einleuchtend, daß man am Menschenverstande verzweifeln müßte, wenn nicht verständige Führer der Republikaner dieses einsehen und sie sich also nicht zu rechter Zeit entschließen würden, eine so gefährliche Verbindung abzubrechen. Sollte aber auch die Selbsttäuschung so weit gehen, daß die staatlichen Demokraten hofften, die kirchlichen nach gemeinsam errungenem Siege über die gesetzlichen Regierungen sich dienstbar zu machen, und sie wirklich in der Verbindung beharrten, so würden sie zu ihrem Schrecken erfahren, wie sehr sie die Schwächeren wären."

Seitdem dies geschrieben war, hat der Ultramontanismus einen bei der Begründung des Deutschen Reiches nicht für möglich gehaltenen Siegeszug im neuen Reiche gehalten und ist durch die Uneinigkeit der bürgerlichen Parteien, durch die Verblendung der Liberalen und die Schwäche der Regierungen zur ausschlaggebenden Partei geworden. In Bayern ist ja das Bündnis zwischen Ultramontanismus und Sozialdemo=kratie geschlossen worden; aber wenn Bebel auf dem Partei=tage in Jena erklärt hat (Protokoll S. 296):

"In dem Augenblicke jedoch, wo das Ziel dieses Zu=sammengehens erreicht ist, wird naturgemäß der Kampf zwischen Sozialdemokratie und Zentrum in einer Schärfe entbrennen, wie er niemals zwischen Liberalismus und Zentrum entbrennen konnte",

so wird die sozialdemokratische Partei gewiß mit Schrecken die Richtigkeit der Mohlschen Voraussage erfahren, wie sie sie ja bereits im Wahlkampfe erfahren hat. Für das deutsche Bürgertum aber ist es ein neuer Beweis, daß die sozial=demokratische Partei das mit dem allgemeinen Wahlrecht verfolgte ökonomische Ziel über jedes geistige Interesse setzt, daß die „Magenfrage" alles andere beherrscht, und daß das Bürgertum die geistigen Errungenschaften, die das deutsche Volk in den letzten Jahrhunderten gemacht hat, nach zwei Fronten zu verteidigen hat. Und für uns in Sachsen spricht diese Mahnung eine doppelt eindringliche Sprache. Mit vollem Rechte fährt daher Mohl a. a. O., S. 59, fort:

"Andrerseits wäre keine Rechnung falscher, als wenn die staatlichen Republikaner wähnen sollten, durch Hilfe der Sozialisten und Kommunisten ihre Zwecke zu erreichen. Unzweifelhaft laufen diese auch gegen die Monarchie Sturm, wie gegen alle bestehenden Einrichtungen des Staates und der Gesellschaft; aber sie sind weit entfernt, den Führern der Bourgeoisrepublik zur Herrschaft verhelfen zu wollen. Diese hätten nur die Wahl, in der sozialdemokratischen Republik aufzugehen, also aufzuhören, zu bestehen, oder sich als Gegner, wie andere Maftbürger, unter die Füße treten und ausplündern zu laffen."

Es ist ja das Leitmotiv aller fozialdemokratischen Anklagen gegen das liberale Bürgertum, daß es zu seinen Revolutionen die Arbeiter benutzt habe, zur Erreichung seiner Zwecke, aber dann nicht bis ans Ende, d. h. bis zur Selbstvernichtung des Bürgertums, gegangen sei. Mit Rücksicht hierauf sagt Bernstein[1]:

„Man erzieht schlechte Bundesgenoffen, wenn man ihnen erklärt, wir wollen euch helfen, den Feind freffen, aber gleich hinterher freffen wir euch. Da es sich nun unter keinen Umständen um eine allgemeine, gleichzeitige, gewalttätige Expropriation, sondern um die allmähliche Ablösung durch Organisation und Gesetz handelt, so würde es der demokratischen Entwicklung sicher keinen Abbruch tun, der tatsächlich veralteten Freßlegende auch in der Phrase den Abschied zu geben."

Darauf antwortet Kautsky, a. a. O., S. 193, klipp und klar:

„Eine fortschrittliche Demokratie ist in einem modernen Industriestaat nur noch möglich als proletarische Demokratie. Darum der Niedergang der fortschrittlichen bürgerlichen Demokratie. Überwiegt bei den bürgerlichen Demokraten die Furcht vor der Herrschaft des Proletariats, dann werden sie altliberal. Halten sie fest an der fortschrittlichen Demokratie, dann müssen sie sich mit dem Gedanken der Herrschaft des Proletariats befreunden. Furcht vor der Herrschaft des Proletariats verbreiten und gleichzeitig die politischen Rechte der unteren Klaffen erhalten oder gar erweitern wollen, heißt, mit der einen Hand niederreißen, was die andere auf-

---

[1] Vorausfetzungen ufw., S. 139.

baut. Nur die Überzeugung von der Notwendigkeit der Herrschaft des Proletariats und von seiner politischen Reife kann heute noch dem demokratischen Gedanken werbende Kraft verleihen."

Damit ist das Entweder — Oder mit voller Klarheit und Schärfe gestellt, und das gilt, leider, nicht nur für unsere fortschrittliche Demokratie, sondern auch für unsere liberalen Parteien als Mahnung und Warnung vor Illusionen. Als eine solche Mahnung möge noch ein Wort des ausgezeichneten katholischen Kirchen- und Kunstgeschichtslehrers Prof. Franz Xaver Kraus erinnert werden. Es ist das letzte, das der berühmte Verfasser der Spectator-Briefe in den Beilagen der Münchener Allgemeinen Zeitung kurz vor seinem plötzlichen Tode geschrieben hat, und bildet so gewissermaßen sein politisches Testament. Es steht am Schluß eines Essays über Pellegrino Rossi, den liberalen Minister Pius' IX., der im Dezember 1848 bei seinem Eintritt in das in der Cancellaria tagende Parlament von den Radikalen ermordet wurde, und mit dessen Tod auch das konstitutionelle Papsttum auf immer in das Grab sank. Anknüpfend an Gioberti, Rinnovamento civile d'Italia erörtert Kraus die Gründe, warum das Risorgimento Italiens nach einem glücklichen und geradezu wunderbaren Anfang ein so trauriges und schmerzhaftes Ende nahm. Er sagt dabei u. a.:

„Ein dritter Grund des Scheiterns und zwar der, welcher am klarsten zutage trat, war die Schwäche und Energielosigkeit der gemäßigt liberalen Partei, welche der puren Demokratie ein Zugeständnis nach dem andern machte und schließlich der Demagogie das Heft überlassen mußte. Man kann sagen, es sei das die Geschichte aller Revolutionen. Um so schlimmer. Und um so ernster ist die Lehre, welche darin für die nationalen und liberalen

Parteien liegt. In Deutschland wie in Italien war und ist der Lebensnerv dieser Parteien der Begriff und die Ausgestaltung der Nationalität: es ist einer der edelsten Aussprüche Giobertis, wenn er am Schlusse seines ‚Rinnovamentos' gewissermaßen als Motto seiner eigenen ganzen politischen Lebenstätigkeit den Satz hinstellt: che la Nazionalità essendo il bene supremo e la base di tuttigli altri, essa deve antimettersi in ragione di tempo e d'importanza ad ogni considerazione [1]. Der Begriff der Nationalität geht daher dem der Freiheit voraus, er bedingt ihn, und wo der letztere mit Mißachtung der ersteren geltend gemacht wird, hat man ihm zu mißtrauen. Die pure Demokratie, welche die Zwillingsschwester der Demagogie ist, setzt andere Gesichtspunkte an die Stelle des nationalen Begriffs; jede Konzession an sie ist verhängnisvoll, und jedes Kapitulieren vor ihr rächt sich bald früher, bald später. Die Niederlage der Ordnungsparteien vollzieht sich rasch, in wenigen Monaten, wie bei dem beweglichen Volk der Italiener und in dem sturmbewegten Jahr 1848; oder aber, sie braucht, im ruhigen Verlauf der Dinge, Jahre und Jahrzehnte; sie ist darum nicht minder unausbleiblich. In den national-liberalen Kreisen ist heute wohl kaum mehr eine irgendwie bedeutende Persönlichkeit, welche die Einführung des illimitierten allgemeinen Stimmrechtes nicht für verhängnisvoll und auf die Dauer mit der Monarchie für unverträglich hielte; trotzdem wagt, aus Angst vor den Wählern, keiner die Reform unseres Wahlrechts anzuregen. Die Ausdehnung dieses unbeschränkten und direkten Wahlrechts auf die Landtage ist ein weiterer Schritt, den die pure Demokratie fordert, um der libe-

---

[1] Daß die Nationalität, da sie das höchste Gut und die Grundlage alles anderen ist, voranstehen muß in Bezug auf Zeit und Bedeutung jeder anderen Erwägung.

ralen Partei den Boden abzugraben, und zu dem diese, wiederum aus reiner Angst vor den Wählern, getrost ihr Amen sagt.

„Der Niedergang aller Parteien beginnt damit, daß sie ihre eigene raison d'être verleugnen und aufgeben. Man kann nur wünschen, daß der ehrliche und ideale Liberalismus — von dem falschen spreche ich nicht — nicht weiter auf dieser Bahn herabgleite. In Italien ist der Schade längst geschehen, und das Land steht jetzt ziemlich ratlos vor den Früchten einer Politik, welche seit 1874 die Staatsraison fort und fort vor dem Radikalismus kapitulieren ließ. Es ist mein aufrichtiger Neujahrswunsch an mein Vaterland, daß wir diesem Beispiel unseres Alliierten nicht folgen[1]."

Dieser Gruß ist, wie erwähnt, erst nach dem Tode des Verfassers erschienen; es ist diesem daher erspart geblieben, den Sieg des allgemeinen direkten Wahlrechts und das Wahlbündnis der Nationalliberalen mit den Sozialdemokraten in seinem engeren Vaterlande, Baden, zu erleben. Aber seine Worte sollten im deutschen Volke unvergessen bleiben. Und das um so mehr, als es sich ja nicht nur um die nationale Frage handelt, sondern mit ihr und durch sie um die höchsten Güter der Menschheit!

Ich habe geglaubt, dieser Auseinandersetzung mit der Frage des allgemeinen gleichen Wahlrechts einen breiteren Raum gewähren zu sollen; denn diese steht ja doch jetzt im Mittelpunkte aller politischen Erwägungen. Ich glaube, daß man mit gutem Rechte und Gewissen demselben mindestens überall da die Berechtigung absprechen muß, wo nach der Lage des Staates und der Zusammensetzung seiner Bevölke-

---

[1] Beilage zur Allg. Zeit. 1902, Nr. 11.

rung das politische Endziel: die Klassenherrschaft des Proletariats, und durch dieses das ökonomische Endziel: die Aufhebung des Privateigentums, erstrebt werden soll und kann. Gewiß würde ja in einem Einzelstaate, wie Sachsen, das letztere nicht ohne weiteres erreichbar sein; aber es würde doch eine grenzenlose Verwirrung herbeigeführt werden können, die unser engeres Vaterland in unabsehbare Gefahren stürzte. Mit gutem Gewissen darf man daher für unser Land im Sinne Mohls „den Grundsatz des allgemeinen Wahlrechts leugnen."

Hieraus ergibt sich aber auch, daß, wie oben bereits gesagt ist, das Urteil nur ein relatives sein soll und kann. Es lassen sich einesteils recht wohl Staaten denken, wo die Zusammensetzung des Volkes eine derartige ist, daß dieses Wahlrecht nicht nur ungefährlich für den Bestand des Staates, sondern vielleicht sogar das naturgemäße ist. Es ist ferner möglich, daß in einem großen Staate, wie etwa im Deutschen Reiche, die Gefahren durch die großen Verhältnisse und Zahlen wenn nicht gehoben, so doch verringert werden. Es soll hierüber hier nicht geurteilt werden. Und es ist endlich möglich, daß der Gefahr der Klassenherrschaft des Proletariats, wie sie in dem industriellen Staat Sachsen zweifellos vorhanden wäre, wenn man die Volkskammer ganz und ausschließlich aus dem allgemeinen gleichen Wahlrechte hervorgehen lassen wollte, durch entsprechende Gegengewichte beseitigt würde, ohne deshalb zu einer völligen Ausschließung dieses Wahlrechtes schreiten zu müssen. Darauf wird später eingehender zurückzukommen sein.

Prüfung einzelner gemachter Vorschläge.

Gehe ich nun auf eine Prüfung der sonst vorhandenen Möglichkeiten und gemachten Vorschläge ein, so ist

1. der Vorschlag gemacht worden, zu dem Wahlgesetz von

1868 zurückzukehren, eventuell unter Erhöhung des Zensus von 3 Mark etwa auf 6 Mark oder höher[1].

Ich kann mich der Verwerfung dieses Gedankens seitens der Deputation der zweiten Kammer und im wesentlichen aus den von ihr geltend gemachten Gründen nur anschließen. Eine Rückkehr wäre doch nur dann möglich, wenn man sich seiner Zeit geirrt hätte, oder wenn sich die Verhältnisse inzwischen geändert hätten. Wäre das erstere der Fall, so müßte man das Geständnis des begangenen Irrtums machen, so schwer es auch fiele. Aber es ist ebensowenig der Fall, wie das zweite. Bei der veränderten wirtschaftlichen Lage der industriellen Arbeiter bestand die Gefahr, daß bei dem Zensus von 3 Mk. allmählich diese Klasse unter Verdrängung anderer Klassen zur ausschlaggebenden Mehrheit in der zweiten Kammer gelangte, und es mußte dieser Gefahr vorgebeugt werden, so lange es noch möglich war. Andrerseits aber haben sich die Verhältnisse in dieser Richtung eher noch weiter entwickelt. Dazu kommt nun, daß das Wahlgesetz von 1896 doch einem sehr erheblichen Bruchteil der Bevölkerung das Wahlrecht eingeräumt hat, das er vordem nicht besaß. Wie bereits in dem zitierten Bericht teilweise erwähnt, würden, wenn man bloß die Einkommensteuer zugrunde legt, bei einem Zensus von 3 Mark: 81642 Wahlberechtigte, bei einem solchen von 4 Mark: 146318, bei einem solchen von 7 Mark: 218776, und bei 10 Mark: 272088 nach dem Ergebnisse der Wahlen 1897—1901 ihr Wahlrecht verlieren. Da die Zahl der Wahlberechtigten überhaupt 656645 betrug, so würde dies einen Verlust des Wahlrechts bedeuten

bei 3 Mark für 12,4 %,
„ 4 „ „ 22,0 %,
„ 7 „ „ 33,0 %,
„ 10 „ „ 41,0 %

---
[1] Vergl. Berichte der zweiten Kammer, Nr. 232 vom 22. April 1904, S. 9 fg.

aller Wahlberechtigten. Daß bei einer solchen Entziehung wieder der Ruf über Wahlrechtsraub in alter, ja vielleicht vermehrter Stärke ertönen würde, bedarf keiner Ausführung; und zudem würde dieselbe nicht etwa bloß oder auch nur prozentual vorwiegend industrielle Arbeiter betreffen, eine große Zahl von Selbständigen würden bei einer Wiedereinführung auch nur des alten Satzes ihr Wahlrecht verlieren, nämlich:

2742 bei der Land= und Forstwirtschaft,
18966 beim Handwerk,
2290 beim Handel,

dazu 2160 im häuslichen Dienste, 982 Beamte, 211 Künstler und Privatgelehrte, 7000 ohne Beruf einschließlich Rentner. Allerdings können diese Ziffern durch die Grundsteuer noch etwas alteriert werden, indes immerhin wird man sich sagen müssen, daß man durch diese Entziehung zahlreiche Elemente treffen würde, die zu treffen man weder beabsichtigt noch Anlaß hat. Auch der Einwand ist nicht zutreffend, daß den betreffenden Bevölkerungsschichten ihr Wahlrecht bei den Klassenwahlen nicht viel genützt habe, und daß sie deshalb den Verlust nicht weiter schmerzlich empfinden würden. Denn einmal ist, wie die Wahlstatistik zeigt, das erstere gar nicht für alle Wahlkreise richtig; denn es hat eine Anzahl von Wahlkreisen gegeben, wo die niedrigste Steuerleistung eines Urwählers in der II. Abteilung bis auf 8, 7, ja 5 Mark herabgegangen ist, und bei einer solchen Zusammensetzung gewinnt natürlich auch die Stimme des Urwählers in der III. Abteilung an Gewicht und Einfluß. Und sodann will man doch eben eine höhere Bedeutung der Stimmen der III. Abteilung anstreben.

Meines Erachtens also muß dieser Vorschlag aus dem Kreise der Erwägungen ausscheiden.

2. Ebenso kann ich der Deputation nur beistimmen,

— 31 —

wenn sie den Weg für ungangbar hält, der von den Evange=
lischen Arbeitervereinen vorgeschlagen ist, nämlich Klassenwahl
unter Beseitigung der indirekten Wahl.

Vor allem entsteht hier die Frage, wie sollen die Klassen
nach ihrer Steuerleistung abgeteilt werden? Soll die Grenze
relativ sein für den einzelnen Wahlbezirk oder absolut für
das ganze Land? Die Wahlstatistik hat gezeigt, daß die
Verhältnisse der einzelnen Wahlbezirke in Sachsen außer=
ordentlich verschieden sind, und der Gedanke, der höheren
Steuerleistung auch die größere Wahlberechtigung zuzubilligen,
in der Wirklichkeit eigentlich in das Gegenteil umgeschlagen ist.

Nach einer in dem Sonderabdruck aus der Zeitschrift des
königlich sächsischen statistischen Bureaus Heft 1 und 2, Jahr=
gang 1903, enthaltenen Statistik der Urwahlen für die zweite
Kammer in den Jahren 1897—1901 S. 56 befanden sich unter
je 100 Wählern solche mit einem geringeren als dem die Zu=
gehörigkeit gesetzlich unbedingt herbeiführenden Steuerbetrag

	in der	
in den	I. Abteilung	II. Abteilung
großstädtischen Wahlkreisen	5,41	1,89
übrigen städtischen Wahlkreisen	40,51	11,30
ländlichen Wahlkreisen	82,30	59,79
Wahlkreisen überhaupt	53,44	34,24.

Ferner lehrt das Ergebnis für die Summe sämtlicher Wahl=
bezirke, daß die oberen Abschlußziffern der II. und III. Ab=
teilung (300 bezw. 38 Mk.) selbst von höchstbesteuerten Wählern
nicht erreicht wurden:

in der I. Abt. in 247 unter 1368 Wahlbezirken also 18,1 %
„ II. „ „ 99 „ 1375 „ „ 7,2 %

Im einzelnen gab es zwei Wahlbezirke, in denen die Höchst=
leistung eines Urwählers I. Abteilung nur 50—74 Mark
und sechs, in denen sie nur 75—99 Mark betrug. In der

II. Abteilung finden sich fünf Wahlbezirke mit einer Höchstleistung von 10—19 Mark. Die Obergrenzen der Steuerleistungen in der gleichen Abteilung desselben Wahlkreises sind aber auch in den verschiedenen Wahlbezirken sehr verschieden. So besitzt der siebente ländliche Wahlkreis einen Wahlbezirk, in dem die Höchststeuerleistung eines Urwählers I. Abteilung zwischen 50 und 74 Mark betrug, während gleichzeitig in zwei andern Wahlbezirken Urwähler, welche als Steuerleistung 150—199 Mark verzeichneten, nur zur II. Abteilung gehörten. Ebenso zahlten in einem Bezirke des 43. ländlichen Wahlkreises die höchstbesteuerten Urwähler II. Abteilung nur 10—19 Mark Steuern, während in zwei andern Bezirken desselben Wahlkreises Wahlberechtigte mit 30 bis 37 Mark Steuerleistung zur III. Abteilung gehörten. Mit Recht sagt der zitierte Artikel dieser Zeitschrift: „man kann aus den Tatsachen der Tabellen entnehmen, um wie viel weniger plutokratisch das Gesetz wirkt, als man zu glauben geneigt ist." Und wenn das Dekret 24 S. 16 sagt: daß unter dem bestehenden System 80% der sächsischen Wählerschaft eine ihrem Willen entsprechende Vertretung überhaupt nicht besitzt und das Wahlrecht weiter Volkskreise nahezu illusorisch gemacht wird, so hätte doch vielleicht, um falschen Vorstellungen und darauf gebauten Agitationen zu begegnen, darauf hingewiesen werden mögen, daß es sich dabei nicht etwa um geschlossene Volkskreise handelt, sondern daß in einzelnen Wahlbezirken die Wähler von 5—8 Mark Einkommensteuer zu den herrschenden Plutokraten gehören, und daß ihnen gegenüber andern Wählern mit viel höherem Einkommen, namentlich in den Großstädten, in der Wirkung eine vielfache Wahlstimme eingeräumt ist.

Diese den plutokratischen Charakter des geltenden Wahlrechts wesentlich abschwächenden Tatsachen können und sollen aber freilich nicht dazu führen, dieses Gesetz aufrecht zu erhalten; sie machen es im Gegenteil nur noch unhaltbarer, denn es zeigt sich eben, daß die tatsächlichen Voraussetzungen für den Grundgedanken des Gesetzes fehlen, und daß seine Wirkungen ganz dem Zufall überlassen sind. Aus dieser Erkenntnis heraus hat denn auch das Dekret 24 in Aussicht genommen, für die drei Abteilungen feste Mindestgrenzen der Steuerleistung (für die I. 300 Mark und für die II. 38 Mark) durch das ganze Land einzuführen. Aber die grundsätzlichen Bedenken gegen die direkten Klassenwahlen werden dadurch nur erhöht. Es stehen sich dann in der Kammer, die doch eine Volkskammer sein soll, unvermittelt drei nach der Steuerleistung abgeschiedene Abteilungen des Volkes gegenüber. Man darf sich hierbei auch nicht auf das Beispiel städtischer Wahlen z. B. in Leipzig berufen. Einmal verschwindet in der Wirtschaftsgemeinde, wie eine Stadt ist, doch der politische Charakter der Gemeindevertreter hinter den Aufgaben und Interessen der Selbstverwaltung, und die erste Abteilung hat z. B. in Leipzig ihre Aufgabe von Anfang an darin erkannt, schon bei den Wahlen ausgleichend und ergänzend, nicht im Standesinteresse, zu wirken, und auch bei der Tätigkeit in der Stadtverwaltung treten keineswegs die Interessen jeder Abteilung in Gegensatz zu den andern. Bei einer staatlichen Vertretung wird dieses Moment der Ausgleichung und Versöhnung leicht fehlen, und die Gegensätze würden um so schroffer hervortreten, als es sich ja um eine politische Körperschaft handelt. Allerdings besteht in Sachsen-Altenburg und Lippe das Dreiklassensystem mit direktem Wahlrecht; die Berechnung der Steuern erfolgt auch nicht nach Gemeinden, sondern in Altenburg für den Wahlkreis, in Lippe für das Land; aber teils hat man es doch hier mit kleineren Ländern zu tun, deren Bevölkerung nicht die von Dresden und Leipzig erreicht, und die Verhältnisse sind nicht so verschiedenartig wie in den einzelnen Landesteilen von Sachsen (vergleiche

Meyer, Das parlamentarische Wahlrecht, S. 442 ff.). Aber abgesehen von diesen, stehen auch noch andere kaum minderschwere Bedenken dem Vorschlage des Dekrets entgegen. Nach der daselbst S. 40 mitgeteilten Tabelle beläuft sich die Zahl der Wahlberechtigten, welche mindestens 300 Mark Steuer entrichten, auf 11 318; danach würde von den 22 604 Wählern, die bisher der I. Abteilung angehörten, über die Hälfte ausscheiden, und diese sollen ersetzt werden onrch etwa 9500, welche auf Grund ihrer akademischen Bildung in der I. Abteilung wählen sollen. Ich halte diesen Gedanken für ganz unmöglich; einmal erscheint die Zahl von 21 000 Wahlberechtigten gegen 533 000 in der III. Abteilung doch als viel zu niedrig, um ein volles Drittel für sich in Anspruch nehmen zu können, und sodann entbehrt das Zusammenstellen von 11 308 Wählern der höchsten Steuerleistung mit beinahe der gleichen Zahl von akademisch Gebildeten jedes inneren Zusammenhanges. Ganz besonders bedenklich aber ist es auch, daß bei den 9500 akademisch Gebildeten vielleicht der überwiegende Teil aus Staatsbeamten bestehen würde, daß also einerseits den Staatsbeamten ein Ausschlag gebendes Gewicht bei den Wahlen zufallen und daß sie damit andrerseits in die politischen Parteikämpfe geradezu hineingezogen würden. Beides erscheint undenkbar. Nicht ganz so schroff, aber doch auch ähnlich liegen die Verhältnisse bei der II. Abteilung, wo auch etwa 18 500 ihr bisheriges Wahlrecht verlieren und durch 17 500 Beamte, Lehrer, Künstler ersetzt werden würden.

Dazu kommt nun noch, daß auch die Wirkung im ganzen Lande eine sehr ungleiche sein würde. Nach der statistischen Zeitschrift a. a. O., S. 21, waren, wie oben bereits berichtet, unter 100 Urwählern der I. Abteilung mit einer Steuerleistung von 38—299 Mark, also unter der von dem Dekrete bezeichneten Minimalgrenze von 300 Mark, in den 12 Wahlkreisen der Großstädte 5,41, in den 25 übrigen städtischen Wahlkreisen 40,51 und in den 45 ländlichen Wahlkreisen 75,23; und bei den letzteren kommen auch noch 7,07 hinzu, die unter 38 Mark blieben. Es würden also in den 25 übrigen städtischen Wahlkreisen 40,51 und in den 45 ländlichen Wahlkreisen gar 82,30 bisherige Wähler der I. Abteilung aus dieser ausscheiden, und die auf Grund der Steuerleistung Gebliebenen würden hauptsächlich den Großstädten angehören. Da aber auch die akademisch Gebildeten doch zu einem erheblichen Bruchteile den Großstädten und Städten angehören, so würde ein Dominieren der Städte unvermeidlich sein, durch das das platte Land nicht ganz mit Unrecht sich beschwert fühlen würde, zumal da bei dem platten Lande auch 59,79 % aller Wähler der II. Abteilung aus dieser ausscheiden und in die III. Abteilung zurückfallen würden, wo sie von der Masse erdrückt werden können. Nun hat ja das Dekret allerdings seinen Vorschlag nur für einen Teil der Kammer, 48 Abgeordnete gegen 35 berufsständische, gemacht, allein die von ihm erhoffte Ausgleichung durch die letzteren ist doch sehr unsicher, und sodann sind die gegen den Vorschlag an sich sprechenden Bedenken doch so erheblich, daß eine Zustimmung dazu nicht befürwortet werden kann.

3. Das Pluralsystem hat ja in der zweiten Kammer Freunde gefunden, und die darauf gerichteten Vorschläge sind, mit gewissen Einschränkungen, der Regierung als Material für den zukünftigen Gesetzentwurf überwiesen worden. Nachdem aber letztere auf Grund der von ihr angestellten Erörterungen erklärt hat, darauf nicht eingehen zu können, kann auch ich mich eines näheren Eingehens auf das System wohl enthalten, zumal dasselbe durch den Vortrag des Herrn Professor Jellinek in der Gehestiftung (veröffentlicht im Jahrbuch der Gehestiftung Bd. 11 S. 103 ff.) von so hervorragender Seite eine gründliche geschichtliche und systematische Be-

sprechung gefunden hat. Ich will nur sagen, daß ich, auch abgesehen von der durch die Regierung erfolgten Ablehnung des Systems, dessen Annahme nicht würde haben empfehlen können. Teils aus den auch von Jellinek ausgesprochenen Bedenken gegen den Grundgedanken des Systems. Derselbe gehört dem Atomismus an. Die Reduktion des Qualitativen auf Quantitatives ist seit uralten Zeiten der Gegenstand des Streites zweier Weltanschauungen gewesen, über den die Akten noch nicht geschlossen sind. Wenn auch unbewußt, liegt er doch dem System zu Grunde, man reduziert die verschiedenen Qualifikationen auf bestimmte Zahlen, die man für die Wahlen braucht, ohne sich darum zu kümmern und ohne auch nur prüfen zu können, ob die Ziffern auch der adäquate Ausdruck für die qualitativen Differenzen sind. Daher die vollkommene Willkür in der Bestimmung der Ziffern, und daher die absolute Unsicherheit über den Erfolg der Differenzierung. Es ist daher gewiß zutreffend, wenn Jellinek a. a. O. S. 139 sagt:

„Es ist eben bei den Förderern und Anhängern des Pluralwahlrechtes der vielleicht nicht immer zum Bewußtsein kommende Wunsch vorhanden, daß die niederste Klasse von den höheren soviel wie möglich überstimmt werde. Wären in allen Wahlbezirken die Wähler gleichmäßig verteilt, so könnten auch nach dem belgischen System die Wähler mit einfachen Stimmen keinem einzigen Kandidaten aus eigner Macht zum Siege verhelfen. Vermöge dieser nicht abzuweisenden Konsequenz wohnt aber dem Pluralwahlrecht die Tendenz inne, ein Klassenwahlrecht zu werden, das den untersten Klassen nur den Schein einer Berechtigung läßt. . . . Das Pluralwahlrecht läuft daher stets Gefahr, ein unehrliches Wahlrecht zu werden."

Namentlich kann, wie Jellinek weiter bemerkt (S. 138), das Wahlrecht nach diesem System, wenn man es auf Vermögensunterschiede aufbaut, derart gestaltet werden, daß es in seinen Wirkungen sich von einem an hohen Zensus geknüpften Wahlrecht kaum wesentlich unterscheidet. Umsomehr kann es Wunder nehmen, wenn man in Preußen, um aus dem Dreiklassenwahlrecht herauszukommen, jetzt von manchen Seiten das Pluralwahlrecht befürwortet; geradezu komisch aber wirkt es, wenn Hans Delbrück, der in den Preußischen Jahrbüchern nicht genug Worte der Schmähung gegen das sächsische Wahlrecht von 1896, die Regierung, ja die Dynastie finden kann, als Heilmittel ein Pluralwahlrecht empfiehlt, bei dem auch für die Steuerleistung in Abstufungen Mehrstimmen, bei 9800 Mark Steuerleistung schon 20 Stimmen und für jede 1000 Mark Steuer mehr eine Stimme mehr gegeben werden sollen[1]. Zu einem solchen plutokratischen Gedanken hat man sich in Sachsen doch noch nicht aufschwingen können! Und geradezu töricht wäre es, von einem solchen System eine Befriedigung der sozialdemokratischen Massen zu erhoffen. Anseele in seinem Aufsatze über die belgischen Wahlen in den Soz. M.-H. 1904, Bd. II, S. 509 nennt das Wahlsystem ein „ungerechtes", ein „schimpfliches", bei dem dem Betruge zu Gunsten der katholischen Partei Tür und Tor geöffnet sei, und dabei geht man in Belgien nur bis zu drei Wahlstimmen, während Delbrück freigebig über 20 hinaus für größeren Besitz geben will.

Man kann also der Regierung nur beipflichten, wenn sie sich auf dieses System nicht einlassen will.

4. Berufswahlsystem. Daß dieses System dem ihm zugrunde liegenden Gedanken nach der von mir an die Spitze gestellten Auffassung der Staates als eines Organismus entspricht, bedarf keiner weiteren Ausführung. Die

---

[1] Vergl. Preuß. Jahrb. Januar 1904, S. 221 fg., und ebenda Januar 1896, S. 194.

Fragen sind nur die, ob es gelingt, die verschiedenen beruf=
lichen und bezw. berufslosen Kreise so in die Vertretung des
Volkes einzureihen, daß sie in einer ihrer Bedeutung für das
Staatsleben entsprechenden Weise an der Mitarbeit und an
der Mitbestimmung für den Staat beteiligt werden, und
sodann die, ob, selbst wenn dies gelingen sollte, man dann
sagen könnte, daß die Summe der Glieder auch das Ganze
darstelle, ob damit die Seele des Volkslebens auch voll=
ständig erfaßt sei.

Was zunächst die erstere Frage anlangt, so erwächst eine
Schwierigkeit schon daraus, daß die hauptsächlichsten Berufe
in sich geschieden sind in die großen Gruppen der Arbeit=
geber und Arbeitnehmer. Nach den Ermittlungen des
statistischen Landesamtes (a. a. O. S. 50, Tab. 4 B 1) ge=
hörten unter anderem Wahlberechtigte an:

	Selbständige	Kaufm. und technisches Personal	Arbeiter
Land= und Forstwirtschaft	59 572	791	22 464
Bergbau usw.	51	503	21 662
Industrie und Baugewerbe . . .	12 202	13 475	199 297
Handwerk, Kleingewerbebetrieb . .	102 343	42 298	14 429
Handel und Verkehr	44 983	10 151	21 987

Wie sollen diese drei Teile der Berufsgruppen ver=
treten sein? Rein mathematisch genommen, ließe sich denken,
daß man in jeder Gruppe die Selbständigen, das Personal,
die Arbeiter ungetrennt eine der Zahl der Wahl=
berechtigten entsprechende Zahl von Abgeordneten wählen
ließe; dann würden im Bergbau und besonders in der In=
dustrie und Baugewerbe die Selbständigen und das Personal
von den Arbeitern erdrückt werden. Oder aber, man ließe
in jeder Gruppe die drei Kategorien für sich wählen; dann
müßte man jeder eine bestimmte Anzahl Sitze einräumen,

und schon das wäre eine kaum lösbare Aufgabe. Aber namentlich würden die zwischen Arbeitgebern und Arbeitern der einzelnen Berufe bestehenden Differenzen unmittelbar in die Volksvertretung getragen werden, und das würde eine recht bedenkliche Belastung derselben, eine unmittelbare Hereinziehung des Staates in die wirtschaftlichen Kämpfe bedeuten. Oder aber man könnte endlich die bestehenden Organisationen der zu Landeskulturrat, Handelskammern, Gewerbekammern gesetzlich berufenen Urwähler benutzen; dann aber würde die ganze große Masse der Arbeiter leer ausgehen, was doch noch eine Verschlechterung des gegenwärtigen Zustandes bedeuten würde.

Einer der Hauptvertreter der organischen Staatsidee, Charles Benoist[1], sucht das Problem dadurch zu lösen, daß er das allgemeine gleiche und direkte Wahlrecht beibehält, aber die Wähler nach einem doppelten Gesichtspunkte teilt, nach dem territorialen und dem beruflichen. Als Grundlage in ersterer Beziehung nimmt er für Frankreich die Departements an, in letzterer scheidet er in Landwirtschaft, Industrie, Handel, Verkehr (transports), öffentliche Gewalt, öffentliche Verwaltung und freie Berufe, Rentner. Er gewinnt aus der Zahl der Wahlberechtigten geteilt durch die Zahl der Abgeordneten z. B. 500 Abgeordnete auf 10 Million Wähler, einen Quotienten, 20000, verteilt auf die Departements nach der Zahl ihrer Wahlberechtigten, geteilt durch diesen Quotienten, die Zahl der Abgeordneten, und verteilt diese wieder auf die Berufe nach der Verhältniszahl ihrer wahlberechtigten Mitglieder. Allein er gerät damit in die Schwierigkeit, daß einesteils gewisse Berufe unter dem Quotienten bleiben, und daher willkürlich mit anderen Berufen zusammengefaßt werden müssen, andere wieder große Restspitzen über den Quotienten

---

[1] Charles Benoist, La Crise de l'État moderne.

lassen. Er muß daher doch eine Verteilung der Sitze auf die
Berufe nach Billigkeit vornehmen, die Willkür nicht entbehrt,
und darum leicht zu großen Streitigkeiten führen kann.
Benoist selbst kommt daher auch zu dem Gedanken, mehrere
Departements zur territorialen Grundlage zusammenzulegen,
nach den in der Wirklichkeit vorhandenen Regionen der be=
ruflichen Beschäftigung. Aber die Hauptsache ist doch, daß
man fragen muß: wäre das denn eine wirkliche organische
Vertretung? Für die Massen der in den einzelnen Berufen
vertretenen Wähler würde wahrscheinlich das Band des ge=
meinsamen Berufes ein sehr untergeordnetes sein, ganz
andere Fragen und Interessen würden für ihre Abstimmung
maßgebend sein. Wenn das aber der Fall wäre, welchen Er=
folg und Nutzen könnte man sich dann von einer solchen aus=
schließlich beruflichen Zusammenfassung für das gesamte Staats=
leben versprechen? Und das führt zu der zweiten oben auf=
geworfenen Frage. Benoist selbst wirft sie auf (S. 277 fg.).
Er sagt: „Diese (nach seinen Vorschlägen) Kammer der Ab=
geordneten zu haben, sehr überlegen der, die wir haben, würde
wohl heißen, etwas von organischer Repräsentation haben,
aber nicht die ganze organische Repräsentation des
ganzen lebendigen Landes." Er hält es deshalb für
nötig, eine solche Kammer durch einen Senat zu ergänzen. In
der Kammer der Abgeordneten soll sich die Menge des in=
dividuellen Lebens ausdrücken, in dem Senat das kollektive
Leben von lokalen Vereinigungen, welche zugleich Organe des
Staatslebens sind. Hiernach teilt er zum Senat jedem Departe=
ment drei Abgeordnete zu; den ersten wählt das Departement,
als die wichtigste örtliche administrative Vereinigung, durch den
conseil général; den andern die zweitwichtigste, die Gemeinden,
durch die Mitglieder der Gemeinderäte. Den dritten Sitz
teilt er den örtlichen Vereinigungen sozialer Ordnung zu,
ohne freilich einen bestimmten Vorschlag in dieser Beziehung

machen zu können; namentlich ist er bedenklich, die Syndikate der Arbeitgeber und Arbeiter aufzunehmen, indem er befürchtet, die Klassenkämpfe in den Senat zu übertragen.

Für uns liegt ja diese gegenseitige Ergänzung der organischen Repräsentation in zwei Kammern außer Frage, und schon deshalb können die von Benoist gemachten Vorschläge eine praktische Bedeutung für uns nicht gewinnen, und es bleibt uns das bereits aus der Betrachtung der sächsischen Verhältnisse gewonnene Ergebnis, daß ein l e d i g l i c h auf berufliche Wahlen gebautes System für uns nicht möglich ist. Es haben ja allerdings die beiden Großstädte Chemnitz und Dresden für ihre Gemeindewahlen ortsstatutarisch Systeme von Berufswahlen ausgearbeitet und eingeführt, die dem Scharfsinne ihrer Verfasser alle Ehre machen und auch in der Praxis sich bewähren mögen; allein ich muß die im Dekrete S. 33 geäußerten Zweifel, ob sich ein solches System auf das ganze Land übertragen lasse, teilen. Schon wegen der ungleichen Verteilung der einzelnen Berufsstände würde ein vielfach sich durchkreuzendes Netz von Wahlbezirken notwendig werden, oder man müßte auf lokalen Zusammenhang ganz verzichten. Beides aber würde große Bedenken gegen sich haben.

Es muß aber überhaupt bezweifelt werden, ob der Gedanke einer ausschließlich beruflichen oder korporativen Vertretung ein richtiger ist. Gerade w e i l der Staat ein auf sittliche Zwecke gerichteter Organismus ist, erschöpft sich sein Wesen nicht in seinen beruflichen oder korporativen Gliedern; er muß eine geistige Richtung haben, in deren Verfolgung sich ein Gesamtwille muß ausprägen können. Es ist ja gewiß nicht zu bestreiten, daß diese Ideen auch in den beruflichen Gliedern der Volksvertretung zum Ausdrucke kommen sollen und können; aber die Hauptsache ist doch die, daß diese Ideen auch schon bei den Wahlen sich durchsetzen können.

Gerade dann aber, wenn man sich auf berufliche und dergl. Wahlen beschränken will, verstärkt man die Gefahr, daß die politischen Strömungen und Bestrebungen in die beruflichen Wahlen eindringen. Der politische Gedanke wird dann leicht entweder zur Herrschaft gelangen oder in beruflichen Interessen einfach erstickt werden. Beides wäre gleich sehr zu beklagen. Schon aus diesem Grunde wird es geraten sein, das Wahlrecht nicht auf berufliche oder korporative Wahlen zu beschränken, sondern diese durch allgemein politische zu ergänzen. Man darf sich auch darüber keiner Täuschung hingeben, daß, so sehr man auch geneigt sein mag, das aus dem Ideenkreise des 18. Jahrhunderts herrührende Repräsentativsystem zu verwerfen, oder doch die Notwendigkeit seiner Verbesserung anzuerkennen, es doch unmöglich sein wird, die politischen Parteien, wie sie sich auf Grund jener Ideen gebildet haben, ganz verschwinden zu lassen. Jede Partei wird bei jeder Reform in erster Linie den Maßstab anlegen, wie sie bei ihr bestehen zu können hoffen dürfe.

Verbindung von allgemeinen Wahlen mit beruflichen und körperschaftlichen Wahlen. Proportional- (Verhältnis)wahlen.

Aus diesen Gründen vertrete ich die Ansicht, die u. a. Schäffle[1] eingehend wissenschaftlich behandelt hat, daß die Repräsentation sich aufbauen soll auf zwei, wie er es nennt, Bevölkerungsgruppen, teils elementaren oder einfachen Gruppen, die sich um jeden erwachsenen Mann von gewissen Eigenschaften zusammenschließen, teils zusammengesetzten Gruppen des jeweiligen öffentlichen Rechtes, d. h. unter den

---

[1] Schäffle in seinen Kern- und Zeitfragen, I. Band, S. 120 fg., und Neue Folge S. 53 fg.

Verhältnissen der neuzeitlichen Gesellschaft von sämtlichen kommunalen (gebietlichen) und beruflichen, weltlichen und kirchlichen Körperschaften (a. a. O. N. Folge S. 56).

Ich befinde mich damit ganz in Übereinstimmung mit dem Königl. Dekret, das auch die Berufswahlen mit allgemeinen Wahlen kombiniert hat. Zu erörtern ist daher nur, ob ich die von ihm vorgeschlagene Art der Kombination für eine richtige halte, und diese Frage muß ich nach dem bereits oben gegen die vorgeschlagene direkte Klassenwahl Ausgeführten verneinen. Ihre Mängel und Härten werden auch durch eine Verbindung derselben mit Berufswahlen nicht ausgeglichen, und auch hier ist zu befürchten, daß der gute Gedanke der letzteren gefälscht werde durch die Mängel der allgemeinen Wahlen.

Ich brauche auch weiter kaum auszuführen, daß das Pluralwahlrecht mir auch dadurch nicht etwa annehmbar wird, daß man es mit der Verhältniswahl verbindet. Nicht wegen Ablehnung des Gedankens der Proportionalwahlen, auf den ich vielmehr im relativ zustimmenden Sinne alsbald zurück= kommen werde, sondern weil mir der Gedanke des Plural= wahlrechtes an sich dadurch nicht annehmbarer wird. Es ist ja richtig, daß die Verbindung in Belgien gut gewirkt zu haben scheint.[1] Es wird darauf später eingehender zurück= gekommen werden.

Es darf wohl auch als gewiß angenommen werden, daß die Einführung des Pluralwahlrechtes in Sachsen nicht ohne Verbindung mit dem Proportionalwahlrecht möglich sein würde: indes ist doch zu beachten, daß die belgischen Ver= hältnisse mit ihren großen geschlossenen Parteien nicht ohne weiteres auf Sachsen übertragen werden können, uud daß, wenn man dem Pluralwahlrecht nicht einen stark kapitalisti=

---

[1] Vergl. Léon Dupriez, L'organisation du Suffrage universel en Belgique.

schen Charakter durch Stimmenhäufung geben will, bei uns die sozialistische Partei leicht die Stellung einnehmen würde, die in Belgien die katholische Partei mit ihrer geschlossenen Massenleitung behauptet.

Hält man also an dem Gedanken fest, eine Mischung von allgemeinen und korporativen Wahlen einzuführen, so fragt es sich dann, ob man für den Bruchteil der Repräsentanten, die aus allgemeinen Wahlen hervorgehen soll, sich zum allgemeinen gleichen und direkten Wahlrecht entschließen kann und soll?

Schäffle[1] bejaht die Frage, und es ist daher zu prüfen, ob die Bejahung auch bei den sächsischen Verhältnissen möglich ist. Nach meinem Dafürhalten auch dann nicht schlechthin, wenn man, wie Schäffle sich ausdrückt, „einen temperierenden Zusatz durch korporative Wahlen gibt". Es gibt aber ein Mittel, um die Gefahren des allgemeinen gleichen Wahlrechts und der dadurch herbeigeführten Herrschaft der Masse abzuschwächen, und dies liegt in dem System der Verhältniswahl (Proportionalwahl). Auch Schäffle hält es mit seinem System für verträglich und macht die Entscheidung von den Verhältnissen des einzelnen Landes abhängig[2].

Wie das absolute Mehrheitssystem in einzelnen Ländern wirken kann und gewirkt hat, dafür gibt es ja bekannte Beispiele, so in Baden.

Ein sehr drastisches Beispiel gibt aber auch die letzte Reichstagswahl in Sachsen. Nach der vom Kaiserl. Statistischen Amt bearbeiteten Übersicht über die Reichstagswahlen waren bei den Reichstagswahlen von 1903 in Sachsen auf die einzelnen politischen Parteien Stimmen gefallen, und

---

[1] Schäffle, „Die Verächter und die Anbeter des allgemeinen Stimmrechts" und an anderen Orten, insbesondere Band I, S. 134 fg.
[2] Vergl. Schäffle a. a. O. Neue Folge S. 122.

zwar geschieden: im ganzen Lande, in Gemeinden unter 2000 E. (a), in solchen von 2000 bis unter 10000 E. (b) und in solchen von mindestens 10000 E. und darüber (c):

Bevölkerung	Wahlberechtigte	abgegebene Stimmen	gültige Stimmen	DeutschKonservative
Land: 4 202 216	909 846	754 894 (83 %)	750 798	75 445 (10,1 %)
a) 1 289 134	278 385	229 296 (82,4 %)	228 225	37 073 (16,3 %)
b) 1 118 383	242 902	203 889 (83,9 %)	202 725	19 103 (9,4 %)
c) 1 794 699	388 559	321 709 (82,8 %)	319 821	19 271 (6,0 %)

Bevölkerung	Nationalliberale	Freisinnige Vereinigung	Sozialdemokraten	Antisemiten
Land: 4 202 216	97 869 (13,0 %)	25 966 (3,5 %)	441 764 (58,8 %)	73 656 (9,8 %)
a) 1 289 134	21 962 (9,6 %)	918 (0,4 %)	116 134 (50,9 %)	32 485 (14,2 %)
b) 1 118 383	22,557 (11,1 %)	8 153 (4,0 %)	130,668 (64,4 %)	10 889 (5,4 %)
c) 1 794 699	53,350 (16,7 %)	10 912 (3,4 %)	194,962 (61,6 %)	30 282 (9,5 %)

Die Tabelle ist in mehrfacher Beziehung lehrreich; zuvörderst aber erhellt daraus, wie ungünstig gerade in Sachsen das Prinzip der absoluten Mehrheit wirkt; während die sozialdemokratische Partei nur etwas über die Hälfte aller abgegebenen Stimmen hatte, hat sie doch 22 von 23 Mandaten erobert, und die Partei, die erst an vierter Stelle der Stimmenzahl steht, die antisemitische, hat mit 9,8% das eine übrige Mandat errungen, während die nationalliberale Partei mit 13% und die deutsch-konservative Partei mit 10,1% leer ausgegangen sind. Es liegen also bei uns gerade die Verhältnisse so, daß die Füglichkeit, die Verhältniswahl einzuführen, einer sehr ernsten Prüfung bedarf, obschon das könig-

liche Dekret die Proportionalwahlen kurzer Hand ver=
worfen hat.

Es kann nicht meine Absicht sein, im Rahmen dieser
Schrift das Proportional= oder Verhältniswahlsystem einer
eingehenderen Darstellung und Prüfung zu unterziehen. Es
hat sich ja darüber bereits eine sehr umfassende Literatur für
und wider (z. T. mitgeteilt in Meyer a. a. O. S. 626) ge=
bildet. Es sollen hier nur einige der hauptsächlichsten da=
gegen geltend gemachten Gründe auf ihre Berechtigung unter=
sucht werden. Sie sind teils politischer, teils mehr techni=
scher Art.

Man wirft dem System einen unversöhnlichen Wider=
spruch vor, in den es mit sich selbst gerät, indem er das
Majoritätsprinzip einmal als den Ausdruck roher Gewalt
verwirft, das anderemal aber als selbstverständliche Kon=
sequenz des demokratischen Gleichheitsprinzips akzeptiert. Das
eine Mal: nämlich für die Wahlen, das andere Mal: näm=
lich für die übrigen Beschlüsse[1].

Daß eine parlamentarische Versammlung nicht ohne
Mehrheitsbeschlüsse bestehen kann, ist ja selbstverständlich;
denn es handelt sich dabei um Willensakte, bei denen nur
ein Ja oder Nein in Frage steht, und bei denen Ver=
hältnisabstimmungen nicht möglich sind. Aber es heißt doch,
das Wesen der parlamentarischen Körperschaften ganz ver=
kennen, wenn man sie als reine Abstimmungsmaschinen
auffaßt, und wenn Bernatzik fragt: Wird die Majorität
gegen die Minorität rücksichtsvoller sein, wenn sie im Ver=
hältnis von 70 : 60 steht, als wenn sie wie 70 : 10 steht? und
diese Frage verneint, so ist dies wider alle Erfahrung. Das
Bild des Deutschen Reichstags zeigt z. B., welchen Einfluß
die Sozialdemokratie auf die Entscheidung aller Fragen hat,

---

[1] Vergl. Bernatzik, Das System der Prop.=Wahlen in Schmollers Jahr=
buch, Neue Folge, Bd. XVII, S. 416 fg.

obwohl sie die Mehrheit nicht besitzt. Es liegt doch etwas Bedeutsames schon darin, daß Minderheiten im Parlamente ihre Stimme erheben, ihre abweichenden Ansichten darlegen, ihre Klagen zum Ausdruck bringen können; wir haben ja ein Beispiel an dem einen sozialdemokratischen Abgeordneten, der bei der letzten Wahl in die II. Kammer eingetreten ist. Sodann aber haben wir es in Deutschland überhaupt nicht mit geschlossenen Mehr- und Minderheiten zu tun, die Parteien gruppieren sich je nach der konkreten Frage, und es können Parteien, die an sich die Mehrheit nicht besitzen, zu ausschlaggebenden werden, wie das Zentrum im Reichstag. Trotz des Mehrheitsprinzips bei den Beschlüssen ist es daher für jede Partei doch von Wert, und es steht mit diesem Prinzip nicht in Widerspruch, daß sie aus den Wahlen mit einer relativen Stärke hervorgeht.

Ein weiteres Bedenken wird dahin erhoben, daß es die Parteiorganisationen zu sehr stärke und die Wähler zu abhängig von ihnen mache. Im direkten Widerspruch damit steht die Befürchtung, daß eine zu große Zersplitterung der Parteien und Wähler eintreten werde. Ich kann beiden Befürchtungen kein sehr großes Gewicht beilegen. Was namentlich die erstere anlangt, so sind ja bei den großen Parteien des Zentrums und der Sozialdemokraten die Organisationen schon so straff, daß da kaum ein Mehr eintreten wird und kann; was aber die andern bürgerlichen Parteien anlangt, so kann es da gar nichts schaden, wenn der weitgehende politische Individualismus und Indifferentismus etwas geschult wird; nur so kann den Gefahren der Zukunft begegnet werden, und diese Schulung wird und soll eben dazu beitragen, jedem Wähler die Einsicht beizubringen, daß er seine Stimme nur wegwirft, wenn er seine eigenen Wege abseits gehen will.

Der wichtigste Einwand ist vielleicht der, daß das System

den Zusammenhang zwischen dem Gewählten und den örtlichen Wählern zerreiße. Indes, es hängt dies mehr oder weniger von der technischen Einrichtung des Systems ab, worauf noch zurückzukommen sein wird; sodann wird dem örtlichen Gesichtspunkte durch die Gestaltung der Körperschaftswahlen Rechnung getragen werden können, und endlich hat es auch sein Gutes, wenn die örtlichen Interessen etwas an Bedeutung verlieren. Unser konstitutionelles Leben war in Gefahr, durch die Eisenbahninteressen ganz beherrscht zu werden, und ein mäßiges Korrektiv dagegen kann daher nur willkommen sein.

Die technischen Bedenken gelten einmal der Kompliziertheit des Systems, das mehr für Mathematiker als für Politiker sei und deshalb der großen Masse des Volkes unverständlich bleibe. Wolle man diese Kompliziertheit durch Vereinfachung vermeiden, so werde wieder der beabsichtigte Zweck in sehr unvollkommener Weise erreicht.[1]

Ist nun auch zuzugeben, daß bei uns in Sachsen das System den Wählern ziemlich fremdartig erscheinen werde, so ist doch namentlich die Einbürgerung des Systems in vielen Kantonen der Schweiz[2] ein Beweis dafür, daß politisch geschulte Wähler sehr wohl in das Verständnis des Systems eindringen können.

Es ist früher bereits das günstige Endurteil erwähnt worden, das der Belgier Léon Dupriez über das Proportionalwahlsystem gefällt hat; technische Schwierigkeiten werden gar nicht hervorgehoben, dagegen wird die Wirkung auf die Wähler in sehr glänzenden Farben geschildert. Er sagt u. a. S. 205 fg. (in freier Übersetzung):

„Die Wahlkämpfe haben sicher nichts an ihrer Lebhaftigkeit verloren, noch an ihrer Intensität .. aber sie

---

[1] Vergl. Meyer a. a. O. S. 647.
[2] Vergl. Klöti, Die Proportionalwahl in der Schweiz.

haben, scheint es, gewonnen an Würde, Aufrichtigkeit, Loyalität (dignité, sincérité, loyauté). In allen Winkeln des Landes entfalteten die Parteien alle Energie, deren sie fähig waren. Und doch sah man nirgends den Wahlkampf ausarten in Gewalttätigkeiten, persönliche Streitigkeiten, ... wie man früher oft das Schauspiel in einigen Bezirken gehabt hatte. Nirgends wurde die Ordnung vor der Wahl gestört, überall wurde die Verkündung des Ergebnisses mit der größten Ruhe aufgenommen. Es gab nicht Besiegte mehr, jeder Vertretung zum ausschließlichen Gewinne eines einzigen Siegers beraubt, jeder zog sich aus dem Kampfe mit der Befriedigung zurück, den seiner Macht entsprechenden Teil erobert zu haben.... Neben dieser friedlichen Wirkung auf die Wahlkämpfe scheint es, daß die Proportionalwahl auch die glücklichsten Wirkungen auf die Verfassung und Organisation der Parteien gehabt hat: sie hat allen die Unabhängigkeit und die Freiheit der Bewegung wiedergegeben, sie hat in ihrem Schoße die Einigkeit und die Disziplin gestärkt, sie hat den einen wie den andern einen mehr nationalen Charakter aufgedrückt. Die Parteien, die das Mehrheitsprinzip verleitete zu Kompromissen, bei denen die Eroberung der Mandate bezahlt wurde mit dem Preisgeben der Grundsätze, haben ihre volle Selbstbestimmung wieder gewinnen können und ihr Programm tapfer verteidigt. Keine Allianzen mehr zwischen Gegnern, die sich nur über Negationen stritten, und die keinen andern Berührungspunkt hatten als die Furcht vor einem gemeinsamen Gegner. Die liberale Partei hat ihre Sache reinlich trennen können von der Partei der Sozialisten; überall hat sie den Kampf mit ihren alleinigen Kräften geführt. Die Proportionalwahl hat im ganzen Lande die Stunde für den Bruch des ‚Kartells' verkündet.

„Andrerseits, weit entfernt, eine Zersplitterung der Parteien hervorzurufen, hat sie bei allen eine große Bewegung der Einigung und Befestigung erregt. Die verschiedenartigen Elemente, den mehr oder weniger auseinandergehenden Richtungen gehorchend, die jede große Partei hat, haben vollkommen die Vorteile der Disziplin und die Gefahren des Zwiespalts gefühlt. Eines der bemerkenswertesten Ergebnisse der Wahlen vom 27. Mai ist die allgemeine Beseitigung der Dissidenten; überall haben die Wähler verächtlich die beseitigt, die nicht die Klugheit und den Mut hatten, der Verteidigung der Grundsätze der Partei ihre Ränke, ihren Ehrgeiz und ihre persönlichen Interessen zu opfern. Mit der Proportionalwahl gibt es Sitze im Parlament für die Vertreter der wahren politischen Parteien, nicht aber für die Begünstiger von Spaltungen und die Organisatoren von faktiösen Gruppen.

„Endlich haben die Parteien in den Kammern einen nationalen Anblick gewonnen; die Leitung der parlamentarischen Gruppen wird nicht mehr einer Grenze der Rasse oder einer wirtschaftlichen Scheidung zu folgen scheinen. Die Rechte wird nicht mehr Gefahr laufen, mit einer ländlichen und vlämischen Partei verwechselt zu werden; die Parteien der Linken werden nicht mehr den Schein haben, die ausschließlichen Vertreter der industriellen wallonischen Distrikte zu sein. Jede Gruppe wird nunmehr ihre Glieder aus allen Teilen des Landes rekrutieren; sie werden demzufolge alle sich in demselben Grade mit den Interessen, Wünschen und Bewegungen der öffentlichen Meinung in allen Bezirken beschäftigen. So wird sich im Schoße jeder Partei eine echte Verständigung zwischen den so verschiedenen Ansprüchen und Bedürfnissen der großen Städte und des Landes, der industriellen und ländlichen Bezirke, der vlämischen und wallonischen Bevölkerungen vollziehen."

Ich habe diesem Urteile einen breiteren Raum gegeben, weil dadurch aus der Erfahrung die Vorteile bestätigt werden, die von der Theorie dem Systeme zugestanden werden[1], und weil daraus hervorgeht, daß, so fremdartig auch das System zunächst den Wählern erscheinen mag, ein Volk doch rasch nicht nur in die Technik, sondern auch in den Geist desselben sich einzuleben vermag. Das ermutigt, die Anwendbarkeit des Systems auch für Sachsen in Erwägung zu ziehen, um so mehr, als dasselbe ja auch in Deutschland anfängt, seinen Einzug zu halten. Bereits ist durch die deutsche Reichs= gesetzgebung die Proportionalwahl 1901 für Gewerbegerichte zugelassen und 1904 für Kaufmannsgerichte obligatorisch ge= macht worden. Das letztere Vorgehen hat das System schon weiteren Kreisen vertraut gemacht, und, soviel mir bekannt, hat die Ausführung nirgends erhebliche Schwierigkeiten gemacht.

Aber auch in den deutschen Einzelstaaten fängt man an, die Verhältniswahl in die Verfassung einzuführen, so nament= lich in Württemberg und Hamburg. Die Vorgänge dort haben die allgemeine Aufmerksamkeit in hohem Grade er= weckt, und ich kann mich deshalb auf kurze Andeutungen beschränken.

In Württemberg hängt die Frage mit der Umgestaltung der ersten Kammer zusammen. Derselben sollen gewisse ständische Elemente, Ritterschaft, Geistlichkeit, Bildung, Wirt= schaft, die zum Teil in der zweiten Kammer bisher vertreten waren, zugeführt, und für die dadurch in der zweiten Kammer entstehende Lücke soll nun ein Ersatz geschafft werden. Be= reits im Jahre 1897 war insbesondere vom Minister von Mittnacht zu diesem Zwecke auf die teilweise Einführung von Verhältniswahlen hingewiesen worden. Der Reform= versuch war damals im wesentlichen an der Meinungs=

---

[1] Vergl. Meyer a. a. O. S. 648.

verschiedenheit der ersten und zweiten Kammer über die Gestaltung des Budgetrechts gescheitert, und die Regierung hat inzwischen größere Reformen auf andern Gebieten zu erledigen gesucht. Nachdem inzwischen das Prinzip der Verhältniswahl in den Entwurf der Gemeindeordnung aufgenommen worden, hat die Regierung in einer neueren Vorlage an die Kammern den früheren Gedanken, 17 durch Verhältniswahl im ganzen Lande gewählte Vertreter der zweiten Kammer zuzuführen, fallen gelassen und die Verhältniswahl auf sechs Vertreter der Stadt Stuttgart beschränkt. Die Verfassungskommission der zweiten Kammer hat jedoch unter Mitwirkung aller Parteien und anscheinend auch mit Zustimmung der Regierung die 17 nach dem Verhältnis im ganzen Lande zu wählenden Vertreter wiederhergestellt, die dazu erforderlichen Bestimmungen in das Landtagswahlgesetz eingefügt, und die Abgeordnetenkammer hat neuerdings ihre Anträge mit der zu Verfassungsänderungen erforderlichen Mehrheit angenommen. Daneben bestehen die Bezirkswahlen in den sogenannten guten Städten und Oberamtsbezirken, die auf dem allgemeinen gleichen direkten Wahlrecht im wesentlichen beruhen und nur in der Hauptstadt Stuttgart nach dem System der Verhältniswahlen erfolgen.

In Hamburg hat man, nachdem die Sozialdemokratie die übrigen Parteien und insonderheit die maßgebenden Faktoren in dem Erwerbsleben der großen Handelsstadt wie in allen Großstädten aus der Vertretung im Reichstage verdrängt hat und nun auch in bedrohlicher Weise in die Bürgerschaftsvertretung eingedrungen ist, zu dem Schutzmittel der Verhältniswahl gegriffen und es sogar kombiniert mit einem System von Gruppen, die teils nach Amt und Bildung, teils nach unbeweglichem Besitz, teils nach einem ziemlich hohen Einkommenssatze geschieden sind, und innerhalb deren eine Verhältniswahl stattfinden soll.

Tritt man auf Grund solcher Vorgänge der Einführung in Sachsen näher, so fragt es sich in erster Linie, welcher Bruchteil der Landesvertretung soll der Verhältniswahl überlassen bleiben? Da nach dem früher Ausgeführten die ausschließliche Verhältniswahl in Sachsen nicht vorgeschlagen werden kann und sie mit einem andern System verbunden werden soll, so hängt die Beantwortung der Frage natürlich von dem letzteren mit ab; da aber die Zahl der zu wählenden Abgeordneten doch Einfluß auf die Lösung gewisser anderer Fragen hat, so mag vorläufig einmal die Zahl von 36 hypothetisch zugrunde gelegt werden. Hier entsteht nun sofort wieder die Frage: Soll zu deren Wahl das Land in einzelne Wahlbezirke geteilt werden, eventuell wie viele? oder soll das ganze Land einen Wahlbezirk bilden? Auf die Beantwortung dieser Frage nun ist wieder nicht ohne Einfluß die Entscheidung darüber, ob die Kammer mit Teil- oder Vollerneuerung gewählt werden soll. Legt man den bisherigen Turnus der Drittelerneuerung zugrunde, dann ist eigentlich die Notwendigkeit von selbst gegeben, das ganze Land als Wahlbezirk zu nehmen, denn die Bruchteile würden sonst für die Verhältniswahl zu klein werden. Ich glaube, daß man dem System der Teilerneuerung treu bleiben wird, und daß man das sogar leichter kann, wenn man die Wahlen durch das ganze Land vornehmen läßt. Man kann ja der Teilerneuerung nach dem bisherigen System den Vorwurf machen, daß dabei immer bloß die Stimmung einzelner Landesteile und nie des ganzen Landes zu Worte komme. Das würde beseitigt werden; das Land hätte alle zwei Jahre in seiner Totalität zu sprechen, und das würde nicht nur dem politischen Leben, sondern auch der Regierung und den Kammern, die die Hand am Pulsschlage des Volkes zu halten haben, zustatten kommen. Man wird auch nicht das Bedenken erheben können, daß damit die Wahlerregung alle zwei Jahre durch das ganze Land hindurch getragen werde, denn von dieser ist doch auch bei den über alle Teile des Landes verstreuten Teilwahlen die Gesamtheit, ohne sich aktiv beteiligen zu können, doch mit ergriffen worden. Im übrigen hat die Teilerneuerung viele Vorzüge; die Kontinuität der Arbeit wird nie ganz gelöst. Man hat seinerzeit bei Verlängerung der Wahlperioden für das Reich mit Recht geltendgemacht, daß immer die erste Session noch nicht ganz arbeitsfähig sei und die letzte Session schon unter dem Einflusse der bevorstehenden Wahlen stehe. Dieser Zustand fällt bei Teilerneuerungen weg, und ich darf daher wohl deren prinzipielle Beibehaltung meinen Erörterungen zugrunde legen.

Die normale Zahl bei Teilerneuerungen würde also in etwa 12 Mandaten bestehen, und das ist wieder wichtig für die Lösung der Frage: ob Listen- oder einnamige Wahl? Es wird darauf noch näher einzugehen sein; hier sei nur so viel bemerkt, daß eine Liste von 12 Personen den Wählern gar keine Schwierigkeit bereiten wird, selbst die bei einer Totalerneuerung nötigen 36 Bewerber würden nicht über das Maß des Zulässigen hinausgehen. Im übrigen können die oben geschilderten und namentlich von Duprinz auf Grund der belgischen Erfahrungen bezeugten idealen Vorteile der Proportionalwahlen im vollen Maße doch nur erreicht werden, wenn das ganze Land nur einen Bezirk bildet. Bei einem Lande von der Größe des deutschen Reichs würde das ja nicht möglich sein, aber in Sachsen ist es recht wohl möglich. Dabei wird auch der Nachteil vermieden, der den Bezirkswahlen anhaftet, daß viele Spitzen, die der Quotient übrig läßt, verloren gehen, und für unsere Verhältnisse ist namentlich auch das nicht zu unterschätzen, daß die verschiedenartige Verteilung der industriellen und der landwirtschaftlichen Bevölkerung auf die einzelnen Landesteile nur so eine richtige Ausgleichung finden kann. Man hat dann auch in Württemberg das ganze Land in **einem** Wahlbezirke für die 17 Abgeordneten vereinigt, und wenn in Hamburg die Stadt in zwei Wahlbezirke für die allgemeinen Wahlen geteilt worden ist, so hat das vermutlich seine besonderen örtlichen Gründe gehabt.

Es soll hier nicht in eine Erörterung über die mancherlei technischen Fragen der Verhältniswahlen eingetreten werden; im ganzen wird man wohl raten dürfen, der ministeriellen Verordnung dabei einen etwas weiteren Spielraum zu lassen, da es sich doch immerhin um eine neue Sache handelt, in der die Verwertung gemachter Erfahrungen erleichtert werden muß. Dabei will ich nicht unterlassen, auf die Schrift von Prof. A. Siegfried in Königsberg in Preußen: Die Proportionalwahl, ein Votum zur Württemberg. Verfassungsreform (Berlin 1898), und einen Artikel desselben Verfassers: Proportionalwahl für die Landtagswahlen deutscher Mittelstaaten, in Hirths Annalen 1905, S. 677 fg., aufmerksam zu machen. Der Genannte ist ein genauer Kenner aller einschlagenden Fragen; er hat auch mir brieflich mancherlei Winke oder Ratschläge erteilt, wofür ich ihm hierdurch danke, und er würde gewiß auf Wunsch gern bereit sein, weiter mit seinem Rate beizustehen. Nur auf einige durch das Gesetz festzulegende Punkte mag hier aufmerksam gemacht werden.

Der erste ist der bereits erwähnte: **einnamige** oder **mehrnamige Wahlen**? Siegfried tritt in dem Artikel in Hirths Annalen für einnamige Wahlen im Zusammenhang mit den sogenannten verbundenen Listen und freiwilligen, durch Lokalkomitees gebildeten Abgrenzungen von Wahlbezirken ein. Er macht diesen Vorschlag, teils um einen engeren Zusammenhang zwischen dem Kandidaten und den Wählern einer bestimmten Gegend herzustellen, teils weil er das Verfahren für wesentlich einfacher hält als bei Listenwahlen. Was den ersten Grund anlangt, so wird der örtliche Zusammenhang durch die andere Kategorie der Wahlen gewahrt werden; was aber den zweiten Grund anlangt, so ist es ja nicht leicht, einer solchen Autorität zu widersprechen, allein ich möchte doch glauben, daß er die Schwierigkeiten der Listenwahl zu hoch, die der einnamigen zu gering einschätzt. Man ist auch in Württemberg und in Hamburg bei der Listenwahl geblieben.

Bei dieser fragt es sich nun wieder, ob die Wähler an die von den einzelnen Komitees eingereichten Listen gebunden sein sollen, oder ob sie nach freier Wahl Bewerber in ihre Stimmzettel aufnehmen können. In Württemberg hatte man für die Gemeindeordnung die ganz freie Wahl zugelassen, für das Landtagswahlgesetz ist man aber doch auf eine gewisse Bindung zurückgekommen: die Wähler können die Namen der von ihnen zu wählenden Personen nach Belieben aber nur den verschiedenen Parteivorschlägen entnehmen; Namen, die in keinem Wahlvorschlag enthalten sind, werden als ungültig gestrichen. Von jedem vorgeschlagenen Bewerber ist vom betreffenden Komitee eine Erklärung über seine Aufnahme in den Wahlvorschlag anzuschließen. Ein Bewerber darf sich nur einmal vorschlagen lassen. Zwei oder mehr Vorschläge können in der Weise miteinander verbunden werden, daß sie den Wahlvorschlägen anderer Wählervereinigungen gegenüber als ein einziger Wahlvorschlag anzusehen und zu behandeln sind. In diesem Falle müssen die Unterzeichner der Vorschläge übereinstimmend vor Ablauf des zur Einreichung der Wahlvorschläge bestimmten Zeitraums die Erklärung abgeben, daß die Vorschläge miteinander verbunden sein sollen. Diese wichtige Bestimmung hat die Folge, daß zunächst die Quote bestimmt wird, die nach der Zahl der abgegebenen Stimmen auf die verbundenen Vorschläge fällt. Innerhalb dieser Quote erfolgt dann die Repartition auf die

einzelnen Listen, und innerhalb dieser wieder auf die einzelnen Namen nach der Zahl der auf die betreffenden Listen beziehungsweise Personen gefallenen Stimmen. Da gerade bei großer Disziplin der Wähler die Gefahr des sogenannten Dekapitierens vorhanden ist, die darin besteht, daß Gegner die an späterer Stelle im Vorschlage aufgeführten Personen, auf deren Wahl also die Partei geringeres Gewicht gelegt hatte, wählen und ihnen dadurch eine größere Stimmenzahl verschaffen, so hat man in Württemberg nachgelassen, daß der Wähler innerhalb der zulässigen Gesamtzahl einzelnen der von ihm Gewählten durch Wiederholung der Namen oder Zahlzeichen bis zu drei Stimmen geben darf, also be=
schränkte Kumulation.

Eine Frage von größerer politischer Bedeutung ist die, ob da, wo Verhältniswahlen mit anderen Wahlarten kombiniert sind, wie in Württemberg mit Bezirkswahlen, wie ich vorschlage, mit Berufs= und Körperschaftswahlen, die letzteren den ersteren folgen oder vorangehen sollen? In Württemberg hat man sich für das Vorangehen entschieden, weil quantitativ schon die Verhältniswahlen nur als eine Ergänzung der allgemeinen Bezirkswahlen erscheinen und die Parteien bei Auswahl der dem ganzen Lande zu präsentierenden Kandidaten nicht unwesentlich vom Ausfall der Städte= und Bezirkswahlen abhängig sein werden. Ich möchte mich für Sachsen für das Vorangehen der Verhältniswahlen entscheiden, einmal, weil dieselben doch die politischen Ansichten und Willensmeinungen des ganzen Landes für einen erheblichen Bruchteil der Kammer zum Ausdrucke bringen sollen, und sodann, weil durch die zweite Kategorie der Wahlen doch vielleicht noch Kandidaten in den Landtag gebracht werden können, die in dem allgemeinen Wahlkampfe unterlegen sind, und für deren Zugehörigkeit zur Kammer ein berufliches oder örtliches Interesse vorliegt. Es bedarf dann genauer Feststellung der Fristen, in welchem Verhältnis zueinander die verschiedenartigen Wahlen vorgenommen werden sollen, sowie innerhalb deren die Gewählten sich über die Annahme einer bei den Proportionswahlen auf sie gefallenen Wahl erklären müssen.

Was die **Verteilungsberechnung** betrifft, so wird man wohl das D'Hondtsche Verfahren etwa mit der von Siegfried S. 54 seiner Schrift über die Proportionalwahl empfohlenen Vereinfachung anwenden. In Württemberg hat man ebenfalls dem D'Hondtschen Verfahren den Vorzug gegeben, „weil es auch dem Laien ohne weiteres verständlich ist, in der praktischen Handhabung keine Schwierigkeit bietet und in allen Fällen rasch und sicher zum Ziele führt", wie es in der Begründung der Regierungsvorlage (Beilage 153 vom 20. Juni 1905) heißt.

Selbstverständlich muß eine Landeswahlkommission gebildet werden, die das Verfahren von einem zentralen Punkte aus leitet und das Ergebnis der Wahlen ermittelt und feststellt.

Dies würden die wesentlichsten durch Gesetz festzustellenden Punkte sein, deren Erledigung keine großen Schwierigkeiten bieten würde. Versucht man nun aber, was für viele wohl entscheidend bei der ganzen Frage sein würde, zu ermitteln, in welchem Zahlenverhältnisse die einzelnen Parteien aus den Proportionalwahlen hervorgehen würden, so kann man selbstverständlich nur eine ungefähre Schätzung geben. Einigen Anhalt könnte vielleicht die oben mitgeteilte Statistik über die letzten Reichstagswahlen bieten. Danach hat der Anteil der Sozialdemokraten an den gültig abgegebenen Stimmen 58,8% betragen, und es würde bei diesem Verhältnis ihnen etwas über die Hälfte von 36 Sitzen zufallen. Allein es ist dabei zu berücksichtigen, daß in Sachsen 909 864 Wahlberechtigte zum Reichstag vorhanden waren, während die

Zahl der bei den drei Landtagswahlen 1897—1901 Wahlberechtigten nur 656 635, also 253 219 weniger betragen hat. Das Mehr bei den Reichstagswahlen dürfte aber zu einem überwiegenden Teile auf die industrielle Bevölkerung fallen, die in Sachsen ihre Arbeit hat, ohne die sächsische Staatsangehörigkeit zu erwerben; von diesen aber wird ein sehr großer Teil mit der Sozialdemokratie gestimmt haben und stimmen. Hierdurch aber gestaltet sich das Wahlverhältnis der Ordnungsparteien zu der Sozialdemokratie bei den Landtagswahlen wahrscheinlich erheblich günstiger.

Die Landtagswahlen auf Grund des neuen Wahlgesetzes sind nach Parteien noch nicht statistisch bearbeitet, und eine Bearbeitung würde auch ein ungenügendes Bild geben, weil die Sozialdemokraten sich ursprünglich vielfach der Wahl enthalten haben. Geht man aber auf die drei letzten Wahlen vor dem Gesetze von 1896 zurück, so ergiebt sich folgendes:

Wahlberechtigte waren 521 202, von denen 270 256 Stimmen abgegeben wurden (etwa 52 %). Außer den zersplitterten und ungültigen Stimmen erhielten:

Konservative und Freikonservative . 106 953 Stimmen,
Nationalliberale . . . . 29 317 „
Fortschrittler . . . . 13 699 „
Deutsch-Freisinnige . . . . 14 144 „
Reformpartei . . . . 16 795 „
Sozialdemokraten . . . . 88 144 „

Würden auf diese Stimmen die 82 Sitze nach der Verhältniswahl verteilt worden sein, so würden etwa erhalten haben:

Konservative . . . . 33 = 40,0 %
Sozialdemokraten . . . 27 = 32,0 %
Nationalliberale . . . 9 = 10,9 %
Reformpartei . . . . 5 = 6,0 %
Deutsch-Freisinnige . . 4 = 4,9 %
Fortschrittler . . . . 4 = 4,9 %

Auf die 36 Sitze der Verhältniswahlen übertragen würde
das ergeben etwa:

Konservative . . . . 14—15
Sozialdemokraten . . . 11—12
Nationalliberale 4
Reformpartei 2
Deutsch=Freisinnige . . 2
Fortschrittler 2

Man sieht also, die Gefahr einer Überflutung durch staatsfeindliche Elemente wäre nicht vorhanden. Nun ist allerdings zu beachten, daß die Zahl der Wahlberechtigten durch das Gesetz von 1896 um über 130 000 gestiegen ist, die ja wahrscheinlich zu einem guten Teile den Sozialdemokraten zufallen werden; aber andererseits ist auch zu erwarten, daß die bürgerlichen Parteien durch das System der Verhältnis= wahlen zu einer viel lebhafteren Wahlbeteiligung werden herangezogen werden, weil dann jeder weiß, daß seine Stimme nicht im Bezirke verloren gehen kann, sondern in der Ge= samtheit zählt. Wie denn z. B. die Nationalliberalen bei der Reichstagswahl 97 869 Stimmen hatten gegen nur 29 317 bei den drei letzten Landtagswahlen vor 1896. Man könnte daher die oben hypothetisch eingesetzte Ziffer von 36 für die Verhältniswahlen wohl unbedenklich annehmen, ja man kann wohl noch höher gehen, wenn es sich mit der zweiten Gruppe verträgt.

Wende ich mich nun dieser zweiten Gruppe zu, so befinde ich mich mit der Regierung darin in Überein= stimmung, daß den allgemeinen Wahlen noch andere, sie er= gänzende an die Seite zu stellen sind. Ich befinde mich auch über Grund und Zweck mit ihr in Übereinstimmung, diese Wahlen sollen, wie das oben ausführlicher erörtert worden ist, dazu beitragen, die organische Gliederung des Staates nach ihrer Bedeutung für dessen Leben zum Aus=

drucke zu bringen und sie von der Herrschaft der bloßen Zahl zu befreien. Die Frage ist nur die, ob die Vorschläge des Dekrets 24 genügend sind, diesen Zweck zu erreichen? Und diese Frage muß ich verneinen. Das Dekret beschränkt die Berufswahlen auf die hauptsächlichen drei Produktivstände und schlägt vor 15 Abgeordnete der Landwirtschaft, 10 Abgeordnete des Handels und der Industrie und 10 Abgeordnete des Kleinhandels, Handwerks und Kleingewerbes; die berufsständischen Wahlen auch noch auf andere Berufe auszudehnen, würde nach Ansicht des Dekrets „kaum durchführbar sein", weil die Zahl der anderen Berufsangehörigen im Verhältnis zu der der erwähnten drei Berufsstände zu klein sei. Ebenso hat das Dekret (S. 34) eine Vertretung der Kommunalverbände abgelehnt. Hier hat meines Erachtens die Nachprüfung einzusetzen und zu erwägen, ob nicht hier wertvolle Bausteine ohne Not verworfen worden sind.

Ich wende mich zunächst der Frage der Kommunalwahlen zu. Das Bedürfnis nach solchen würde meines Erachtens auch dann vorhanden sein, wenn das von der Regierung vorgeschlagene System der direkten Klassenwahlen angenommen würde. Die von der Regierung vorgeschlagenen 16 Wahlkreise würden doch den Zusammenhang zwischen Ort und Abgeordneten in hohem Grade lockern, und die Zahl der Berufswahlen, 15 für Landwirtschaft, 10 je für Handel und Gewerbe, würden kaum diesem Mangel abhelfen können. Die Wahlkreise würden, wenigstens für Handel und Gewerbe, noch größer sein, und der Zusammenhang zwischen Wählern und Gewählten würde auch bestenfalls nur für die betreffenden Berufszweige bestehen. In vielleicht noch höherem Maße aber würde das Bedürfnis der örtlichen Verbindung bestehen, wenn das System der Verhältniswahlen angenommen würde. Es ist darauf ja oben wiederholt hingewiesen worden. In Württemberg wird dieser örtliche Zusammenhang durch die

Wahlen der sog. guten Städte und Oberamtsbezirke neben den Verhältniswahlen aufrechterhalten, da aber solche allgemeine gleiche direkte Wahlen bei uns als unmöglich erscheinen, so fragt es sich, ob nicht dafür ein Ersatz geschafft werden kann und soll? Was zunächst das „kann" anlangt, so würde sich die Aufgabe bei den sog. exemten Städten sehr einfach durch gemeinschaftliche Wahlen von Rat und Stadtverordneten erledigen lassen. Schwieriger erscheint die Sache bei den übrigen Gemeinden des Landes, und doch glaube ich, daß die Aufgabe auch hier in befriedigender und sachgemäßer Weise sich lösen lassen würde. Wie schon das Dekret sagt, müßte an die Bezirksverbände und deren Vertretung nach dem Gesetz vom 21. April 1873 angeknüpft werden. Nach diesem Gesetze wird die Bezirksversammlung zu einem Dritteil durch Vertreter der Höchstbesteuerten, zu zwei Dritteilen durch Abgeordnete der im Bezirke gelegenen Städte und Landgemeinden gebildet. Das numerische Verhältnis der Abgeordneten der Städte und der Landgemeinden wird nach dem Verhältnisse der städtischen und ländlichen Bevölkerung, wie dasselbe durch die letzte allgemeine Volkszählung festgestellt worden ist, bestimmt. Die Bezirksversammlung besteht aus mindestens 24 Mitgliedern außer dem Amtshauptmann des Bezirks. In Bezirken von mehr als 50 000 Einwohnern treten für jede diese Zahl übersteigende Vollzahl von 10 000 Einwohnern drei Abgeordnete hinzu. An den Wahlen der Höchstbesteuerten nehmen diejenigen selbständigen Personen teil, welche im Bezirke an direkten Staatssteuern den Betrag von mindestens 300 Mark entrichten; erreicht die Gesamtheit der wahlberechtigten Höchstbesteuerten in einem Bezirke nicht das Vierfache der Zahl der auf diese Klasse entfallenden Vertreter, so wird der Wahlkörper bis zu ersterem Betrage durch diejenigen, welche die nächsthöheren Steuerbeträge entrichten, ergänzt. Die Ge=

samtzahl der städtischen Abgeordneten wird nach Verhältnis
der Einwohnerzahl auf die im Bezirke gelegenen Städte ver=
teilt. Die Wahlen der städtischen Abgeordneten werden von
den Mitgliedern des Stadtrats und der Stadtverordneten
in gemeinsamer Sitzung vollzogen. Ebenso sind die Wahlen
in den Landgemeinden von den Gemeindevorständen bezw.
Gemeinderäten, Besitzern von größeren nicht zum Gemeinde=
verbande gehörigen Gütern, sofern sie nicht mit den Höchst=
besteuerten wählen, und, je nach der Größe der Gemeinde,
einer Anzahl Wahlmänner zu bewirken. Die Einrichtungen,
die sich ja seit 1873 eingelebt haben, sind dem Volke vertraut
geworden, und man darf wohl das Urteil aussprechen, daß
die Elemente, die hier zu gemeinsamen Organen zusammen=
gefaßt sind, in kluger und billiger Weise gegeneinander
abgewogen sind. Ich habe mir gestattet, das Ministerium
des Innern um Auskunft über gewisse Fragen zu bitten
und darauf die auf S. 64 stehende Tabelle erhalten. Daraus
ergibt sich nach dem Bevölkerungsstande vom 1. Dezember
1900 für die sächsischen Amtshauptmannschaften, also aus=
schließlich der exemten Städte, die Gesamtzahl der Bevölke=
rung, die städtische, die ländliche Bevölkerung, die Gesamt=
zahl der Bezirksabgeordneten gegenwärtig, ihre Verteilung
auf städtische, ländliche und Höchstbesteuerte und der Wohn=
sitz der letzteren nach Stadt und Land. Fragt man sich nun,
wie diese Organe zu einer Vertretung im Landtage verwertet
werden könnten, so liegt eine doppelte Schwierigkeit vor.
Einmal, wenn man jeder Amtshauptmannschaft einen Ab=
geordneten zuteilen wollte, so würde das zu viel Abgeordnete
ergeben, und die Wahlkreise würden auch unter sich der Be=
völkerungszahl nach zu ungleich sein. Man vergleiche nur die
Amtshauptmannschaft Zwickau mit Oelsnitz oder Borna.
Wollte man aber den größeren Amtshauptmannschaften
mehrere Sitze geben, so würde dies die Zahl ja noch ver=

Amtshauptmannschaft	Bevölkerung (nach der Volkszählung am 1. Dez. 1900)			Bezirkstagsabgeordnete (gegenwärtig)				Von den Vertretern der Höchstbesteuerten wohnen	
	a) Gesamtzahl	b) städtische	c) ländliche	Gesamtzahl	städtische	ländliche	Höchstbesteuerte	in Städten	auf dem Lande
Bautzen	119 939	35 856	84 083	42	8	20	14	3	11
Kamenz	69 546	18 198	51 348	27	4	14	9	1	8
Löbau	102 233	13 562	88 671	36	3	21	12	3	9
Zittau	113 455	33 743	79 712	39	7	19	13	7	6
Annaberg	104 709	53 393	51 316	39	13	13	13	11	2
Chemnitz[1]	182 136	22 252	159 884	60	5	35	20	5	15
Flöha	87 943	27 556	60 387	33	7	15	11	5	6
Glauchau	147 465	76 136	71 329	51	17	17	17	13	4
Marienberg	63 227	15 109	48 118	27	7	11	9	4	5
Dippoldiswalde	53 906	11 504	42 402	24	4	12	8	4	4
Dresden, Altstadt[1]	166 840	6 002	160 838	39	2	24	13	—	13
„ Neustadt[1]	126 706	12 918	113 788	36	3	21	12	1	11
Freiberg	116 230	34 723	81 507	42	8	20	14	14	—
Großenhain	83 739	28 779	54 960	30	7	13	10	3	7
Meißen	123 581	34 128	89 453	39	9	17	13	4	9
Pirna	149 341	50 138	99 203	45	11	19	15	7	8
Borna	75 605	34 964	40 641	30	9	11	10	6	4
Döbeln	117 882	58 358	59 524	42	14	14	14	8	6
Grimma	103 009	43 560	59 449	36	10	14	12	5	7
Leipzig[1]	137 031	15 241	121 790	39	3	23	13	1	12
Oschatz	57 446	19 397	38 049	24	4	12	8	3	5
Rochlitz	113 535	44 719	68 816	39	10	16	13	7	6
Auerbach	99 751	31 691	68 060	33	7	15	11	6	5
Ölsnitz	69 386	31 835	37 551	27	8	10	9	7	2
Plauen	170 215	123 588	46 627	54	25	11	18	11	7
Schwarzenberg	122 267	54 824	67 443	39	11	15	13	9	4
Zwickau	265 910	111 371	154 539	81	23	31	27	18	9

[1] Ausschließlich der Städte Chemnitz, Dresden und Leipzig.

größern. Sodann aber, da die städtische Bevölkerung (1 043 545) sich zur ländlichen (2 099 478) verhält wie 1 : 2, so wäre die Gefahr vorhanden, daß die städtische von der ländlichen ganz majorisiert würde. Wollte man aber wieder jede Bevölkerungsklasse ganz für sich wählen lassen, so würde das, abgesehen von der Zwischenstellung der Höchstbesteuerten, wieder eine unliebsame Zerreißung in Stadt und Land ergeben, die auch auf das regelmäßige Zusammenarbeiten der beiden Faktoren eine ungünstige Rückwirkung haben könnte. Hier scheint mir nun wieder das Prinzip der Verhältniswahl einen gangbaren Ausweg darzubieten. Um dieses zur Anwendung bringen zu können, müßte freilich für jede Wahl eine Mehrzahl von Stellen zu besetzen sein, und da man diese nicht den einzelnen Amtshauptmannschaften gewähren könnte, so müßten diese zusammengefaßt werden, und hierzu scheinen sich nur die Kreishauptmannschaften als die obere organische Einheit zu eignen. Allerdings sind diese an Bevölkerungszahl ungleich, indes würde dies ja nichts ausmachen, da man ja den einzelnen Kreishauptmannschaften nicht die gleiche Anzahl von Mandaten beizulegen brauchte. Ich habe zu diesem Zwecke die mitgeteilte Liste nach Kreishauptmannschaften in folgender Tabelle zusammengestellt:

Kreishauptmannschaft	Bevölkerung nach der Volkszählung vom 1. Dez. 1900			Bezirkstagsabgeordnete				Von den Höchstbesteuerten wohnen	
	a) Gesamtzahl	b) städtische	c) ländliche	Gesamtzahl	städtische	ländliche	Höchstbesteuerte	in Städten	auf dem Lande
Bautzen ..	405 173	101 359	303 814	144	22	74	48	14	34
Chemnitz ..	585 480	194 446	391 034	210	49	91	70	38	32
Dresden ..	820 343	178 192	642 151	255	44	126	85	33	52
Leipzig ..	604 508	216 239	388 269	210	50	90	70	30	40
Zwickau ..	727 529	358 309	374 220	234	74	82	78	51	27
Summe	3 143 033	1 043 545	2 099 478	1053	239	463	351	166	185

Georgi, Wahlrechtsreform.

Leider sind die Zahlen der neuesten Volkszählung noch nicht zu benutzen gewesen; sodann ist namentlich bei der Kreishauptmannschaft Dresden eine wesentliche Verschiebung zwischen Stadt und Land durch die neueren Einverleibungen in Dresden eingetreten, und wenn Plauen eximiert wird bezw. später etwa Zwickau, so wird dort eine weitere Verschiebung eintreten; dadurch aber werden, abgesehen von Bautzen, die Bevölkerungszahlen der übrigen Kreishauptmannschaften sich nur mehr ausgleichen. Hiernach könnte man den eximierten Städten

Dresden . . . . . 2—3 Sitze,
Leipzig . . . . . . 2—3 „
Chemnitz . . . . . 1—2 „
den Kreishauptmannschaften:
Bautzen . . . . . . 3—4 „
Chemnitz . . . . . 4—5 „
Dresden . . . . . 4—5 „
Leipzig . . . . . . 4—5 „
Zwickau . . . . . 4—5 „

zuteilen. Die definitive Ziffer wird davon abhängen, welche Plätze man für die anderen Gruppen braucht und ihnen geben will. Sollten Plauen und Zwickau später eximiert werden, so könnte diesen je ein Sitz zugebilligt werden. Überhaupt würde es mir nicht nur als zulässig, sondern sogar als ratsam erscheinen, zu beschließen, daß jede weiter eximierte Stadt, wobei man die Grenze 80—100000 E. annehmen könnte, einen Sitz erhalten solle. Es wäre damit ein Mittel gegeben, mit der zunehmenden Bevölkerung einigermaßen im Einklang zu bleiben, und es würde eine solche Bestimmung nicht ein Privileg für die betr. Stadt enthalten, sondern zugleich dem Kreise zugute kommen, der seine bisherige Zahl mit einer um die betr. Stadt geminderten Bevölkerung behielte. Allerdings würde das eine nicht ganz abgeschlossene Zahl für die zweite Kammer bedeuten, indes ist das doch etwas anderes bei der zweiten als bei der ersten Kammer, weil jene als Volkshaus doch in gewissem Grade den numerischen Verhältnissen Rechnung tragen muß, was bei der ersten grundsätzlich wegfällt. Ein allzustarkes Anwachsen wäre bei der oben vorgeschlagenen Grenze von 80—100 000 Einwohnern in absehbarer Zeit schwerlich zu befürchten.

Wäre damit die oben aufgeworfene Frage des „Kann?" meines Erachtens in bejahendem Sinne beantwortet, so bedarf das Soll? noch einer Prüfung.

Das Dekret 24 führt zwei Gründe gegen die Vertretung der Kommunalverbände an; es sagt zuerst: „Aber die Mängel der indirekten Wahl würden gerade bei einer solchen Einrichtung am fühlbarsten werden, das unmittelbare Interesse der Urwähler nahezu ganz verschwinden." Dieser Grund nimmt sich eigentümlich zu der übrigen Stellungnahme der Regierung aus; denn im ganzen neigt sie sich doch der organischen Auffassung des Staates und damit der organischen Repräsentativverfassung zu, und in deren Wesen liegt es doch eben, daß man sich an die aus den Urelementen herausgewachsenen Organe hält und nicht an die noch im atomistischen Zustande befindlichen Elemente. Es kann deshalb auch nicht der Vorwurf der indirekten Wahlen erhoben werden, denn bei diesen wird der Wahlmann zu nichts anderem, als zum Zwecke der Wahl zwischen Wähler und Abgeordneten geschoben, bei den öffentlich=rechtlichen Korporationen dient das Zwischenglied zur Mitarbeit am Staat, und es ist dann nur eine Erweiterung einer Funktion, wenn es auch zur Bestellung von Vertretern für eine höhere Instanz berufen ist. Dabei vertritt die Gemeinde doch einen viel größeren Kreis von Interessen und Interessenten, als es z. B. bei den von der Regierung vorgeschlagenen Berufswahlen der

Fall ist. Wenn die Urwähler von Handels- und Gewerbekammern ihren Vertreter wählen, so kann dies den zahlreichen anderen Berufen viel gleichgültiger sein, als wenn die alle Berufe zusammenfassenden Organe in Gemeinde und Bezirk ihre Abgeordneten wählen. Zum andern sagt das Dekret: „Dazu kommt, daß in Sachsen außer den drei großen Städten nur die Bezirksverbände zu Wahlkörpern bestimmt werden könnten. Gerade diese aber ermangeln noch fast ganz einer wirklichen Selbstverwaltung und eines lebendigen Körperschaftsbewußtseins, die doch die notwendige innere Voraussetzung für eine solche Organisation der Landtagswahlen bilden müßten." Auch diesen Grund vermag ich nicht einzusehen; wenn die Organisationen bisher daran gelitten haben, daß sie zu geringe Zuständigkeit hatten, so würde die Übertragung einer solchen Funktion dazu beitragen, den Organen Leben einzuflößen, und daß sie nicht imstande wären, die ihnen zugeteilte Aufgabe zu erfüllen, wird man wohl nicht behaupten können. Zudem geht man ja damit um, ihren Kreis der Tätigkeit zu erweitern, und damit würde also das Bedenken, daß es ihnen an der Schule der Selbstverwaltung fehle, mehr und mehr schwinden.

Von anderer Seite wird die Befürchtung ausgesprochen, daß das kommunale und körperschaftliche Leben in den Strudel der Landespolitik hineingezogen werde. Mir scheint sehr richtig zu sein, was Schäffle[1] gegen diesen Einwand sagt:

„Von seiten der fortschrittlichen Parteien kann ein derartiger Vorwurf nicht kommen. Derselbe würde aber auch von konservativer Seite aus in die Irre gehen. Einmal entspricht es einer guten Staatsorganisation, wenn alle wesentlichen Bestandteile des zugehörigen Volkskörpers von unten an bis zur Reichsvertretung hinauf mit dem

---

[1] Schäffle, Deutsche Kern- und Zeitfragen. I. Band. S. 146.

Staat und dem Reich organisch verknüpft, darin vertreten und daran interessiert sind. Die Gleichgültigkeit zwischen den Landtagen und dem Reichstag einerseits und den sämtlichen Körperschaften des öffentlichen Rechts andrerseits frommt auch den letzteren nicht, sondern versumpft sie und beraubt sie der lebendigen Teilnahme der Bevölkerung. Es ist aber auch gar nichts von einer politischen Belebung zu fürchten; denn die nächsten eigenen Interessen und Aufgaben aller Körperschaften und der ihnen angehörigen Gesittungskreise sind stark und bezwingend genug, um über der Bestimmung zur politischen Wahlkörperschaft nicht auch die nächsten Interessen bei der Besetzung der Körperschaftsorgane maßgebend werden zu lassen. Ich lehne daher auch die letzte Einwendung in jeder Hinsicht als Ausgeburt unbegründeter Angst vor einem in allen Poren des Gesellschaftskörpers stets frischen Nationalleben ab."

In der Tat muß man fragen, worum handelt es sich denn bei der ganzen Frage: doch nur darum, die in bürgerlichen Berufen, bei der Landwirtschaft, in öffentlichen Stellungen usw. beschäftigten, eine Hauptstütze des Staates bildenden Kreise nicht von der Masse der industriellen Lohnarbeiter von ihrer Beteiligung am Staate wegfegen zu lassen; da müssen diese auch den Mut finden, mit den ihnen noch in der Hauptsache zugehörigen öffentlich-rechtlichen Organen den Kampf aufzunehmen, in und mit diesen ihre Stellung zu verteidigen. Es wäre eine vergebliche Hoffnung, ein den politischen Kämpfen der Gegenwart entrücktes Stillleben führen zu können; gewiß sollen die kommunalen Körperschaften nicht Politik treiben, das wäre verhängnisvoll für sie; aber das lebendige Gefühl für den engen Zusammenhang mit dem Staate kann sie nur heben und ihnen einen größeren und weiteren Gesichtskreis geben.

Schäffle macht darauf aufmerksam, daß auch die französische Republik die Organe der Gemeinden zur Bildung der einen Hälfte der Repräsentation des Volkes, des Senats, herangezogen hat. Das Vorgehen ist sehr bemerkenswert und lehrreich. Als es sich bei den Verfassungskämpfen von 1875 darum handelte, die Republik vor der Rückkehr zur Monarchie zu bewahren, und zwar indem man gewisse konservative Elemente ihrer Verfassung einverleibte, war auch das Problem der Bildung eines Senates zu lösen. Da man dem Präsident der Republik ein Ernennungsrecht nicht zugestehen wollte und konnte, so kam nach langen Kämpfen ein Kompromiß zustande, wonach 225 von 300 Senatoren auf die Departements und Kolonien verteilt wurden. Diese Senatoren sollten mit absoluter Mehrheit, und wenn nötig, nach dem Listenskrubinium von einem im Hauptorte des Departements oder der Kolonie versammelten Wahlkollegium gewählt werden, bestehend aus 1. den Deputierten, 2. den Generalräten, 3. den Arrondissementsräten, 4. Delegierten, von denen je einer von jedem Gemeinderate unter den Wählern der Gemeinde gewählt wird. Die Wahl erfolgt auf neun Jahre; alle drei Jahre scheidet eine durch das Los bestimmte Serie von einem Drittel aus. Ein spezielles Gesetz regelt die Wahlen näher; es ist mitgeteilt in Schultheß Geschichtskalender von 1875 S. 360 fg.

Im Jahre 1884 wurde durch eine Koalition der Rechten und äußersten Linken der Versuch gemacht, auch den Senat ganz wie die Kammerwahlen aus dem allgemeinen Stimmrecht, und zwar nach dem Listenskrutinium, hervorgehen zu lassen. Allein er scheiterte am Senate, und es wurde das frühere Gesetz nur insoweit geändert, daß, während bis dahin die größten wie die kleinsten Gemeinden nur je einen Senatswahldelegierten durch ihren Gemeinderat zu bestellen hatten, nun eine Zuteilung von 2—30 Wahl=

delegierten je nach der Einwohnerzahl an die größeren Gemeinden erfolgte¹.

Einen naheliegenden Vorgang bietet ferner die neueste Verfassungsrevision im Großherzogtum Baden. Nach dem Gesetz vom 24. August 1904 besteht die erste Kammer unter anderem: aus zwei Oberbürgermeistern der der Städteordnung unterstehenden Städte, aus einem Bürgermeister einer sonstigen Stadt mit mehr als 3000 Einwohnern und aus einem Mitglied eines der Kreisausschüsse; die Oberbürgermeister und der Bürgermeister werden von den Mitgliedern der Stadträte und der Gemeinderäte, das Mitglied des Kreisausschusses von sämtlichen Mitgliedern der Kreisausschüsse des Landes gewählt. Nach dem Landtagswahlgesetz vom 24. August 1904 §§ 26—29 werden für die Wahlen der Abgeordneten der der Städteordnung unterstehenden Städte durch landesherrliche Verordnung zwei Wahlkreise gebildet. In jedem Wahlkreis wird von den Mitgliedern des Stadtrats (Oberbürgermeister, Bürgermeister und Stadträte) der wahlberechtigten Städte ein Abgeordneter gewählt; die Wahlorte werden durch landesherrliche Verordnung bestimmt. Der Abgeordnete der sonstigen Städte mit mehr als 3000 Einwohnern wird von den Mitgliedern des Gemeinderats (Bürgermeister und Gemeinderäte) dieser Städte gewählt; der Wahlort ist Karlsruhe. Der Abgeordnete der Kreise wird von den Mitgliedern der elf Kreisausschüsse des Landes gewählt; der Wahlort ist Karlsruhe. Allerdings erfolgen diese Wahlen, wie bemerkt, für die **erste** Kammer; indes ist das doch bloß eine Frage der Scheidung der beiden Kammern; will man die zweite Kammer rein aus allgemeinen direkten Wahlen hervorgehen lassen wie in Baden, dann gehören natürlich die Körperschaftsvertreter in die erste Kammer; will man aber für die zweite Kammer

---

¹ Schultheß a. a. O., Jahrg. 1884, S. 289.

ein kombiniertes System, wie hier in Frage steht, annehmen, dann liegt ein prinzipieller Einwand gegen die Aufnahme von Abgeordneten öffentlich=rechtlicher Korporationen in die zweite Kammer nicht vor. Ich möchte daher auch das Soll? mit Ja! beantworten, um so mehr, als ja dieser Gedanke auch dem Antrage: Dr. Schill, Ehret und Müller zugrunde liegt[1].

Ausdrücklich zu erwähnen bleibt dabei nur, daß bei Teilerneuerung der Kammer immer eine Kreishauptmannschaft als Ganzes ausscheiden muß, weil eine Verhältniswahl nicht möglich wäre, wenn etwa nur ein Abgeordneter ausschiede und für ihn eine Neuwahl stattzufinden hätte.

Entschließt man sich, einen Teil der nicht aus allgemeinen Wahlen hervorgehenden Abgeordneten den Gemeinden und Bezirken zuzuweisen, so hat dies selbstverständlich Einfluß auf die Zahl der aus Berufswahlen hervorgehenden Ab= geordneten. Der Regierungsentwurf sieht, wie erwähnt, 15 Abgeordnete der Landwirtschaft, 10 des Handels und der Industrie und 10 des Kleinhandels, Handwerks und Klein= gewerbes vor. Ich möchte einer Reduktion dieser Zahlen aus mehrfachen Gründen das Wort reden.

Einmal sollen ja Handel und Industrie sowie Gewerbe nach der neueren Vorlage, die ja hoffentlich ihrem Wesen nach von den Kammern angenommen werden wird, in der ersten Kammer Vertretung finden. Dadurch kommt die be= rufliche Sachkenntnis ja auch dort zur Geltung, und es kommt weniger auf das numerische Verhältnis in der zweiten Kammer an als auf Vertrautsein mit den einschlagenden Verhältnissen und Bedürfnissen. Weiter ist es mir zweifel= haft, ob der Wahlmodus, der für Landwirtschaft und Klein= gewerbe vorgesehen wird, eine ausreichende Gewähr dafür

---

[1] Vergl. Bericht der Ges.Geb.Dep. der zweiten Kammer, Landtag 1903/4. Druckf. 232, S. 31.

bietet, daß er berufliche Sachkenntnis der Kammer zuführen werde.

Was zunächst die Landwirtschaft anlangt, so soll der Wahlkörper gebildet werden durch diejenigen, die die Wahlberechtigung zum Landeskulturrate besitzen, das sind die Besitzer oder Pächter landwirtschaftlicher Grundstücke, auf denen nach Abrechnung der bie Gebäude samt Hofraum treffenden Einheiten mindestens 120 Steuereinheiten haften. Diese Grundlage mag wohl genügen, um die Wahlen für den Landeskulturrat darauf zu bauen, für 15 Sitze in der Kammer erscheint sie mir ziemlich unsicher. Zunächst kommt die große Zahl derer in Betracht, die die Landwirtschaft als Nebenberuf betreiben. Nach Hey[1] haben von den im Jahre 1895 ermittelten 193 627 Inhabern landwirtschaftlicher Betriebe nur 83 634 die Landwirtschaft als ihren Hauptberuf angegeben, während 109 993 oder 56,81 % der Gesamtzahl sie nur als Nebenberuf betrachteten. Werden nun auch die letzteren in der Hauptsache Parzellen unter 120 Steuereinheiten bewirtschaften, so bleibt der Bestand des Wahlkörpers doch immer unsicher. Von den 212 935 Wahlberechtigten, die neben der Einkommensteuer auch Grundsteuer bezahlen, sind nach Herz nur 56 500 selbständige Landwirte, die übrigen gehören anderen Stellungen und Berufen an. Zudem müßte, um doppelte Wahlberechtigung auszuschließen, denjenigen, die die Landwirtschaft neben Handel und Industrie oder Handwerk betreiben, die Verpflichtung auferlegt werden, sich zu entscheiden, bei welchem Berufe sie wählen wollen. Nach der vom statistischen Landesamte aufgestellten Wählerstatistik waren in der Gruppe I Land- und Forstwirtschaft, Gärtnerei, Tierzucht, Fischerei nur 59 572 Selbständige; davon zahlten an Einkommensteuer bis 600: 2742, bis 3100: 51 856 und darüber nur 4871. Davon

---

[1] Hey, Die Parzellenwirtschaften im Königreich Sachsen, S. 33.

zahlten auch Grundsteuer 56 500, wieviel, ist nicht ermittelt, nur Grundsteuer 123; von den 22 464 Arbeitern dieser Gruppe, die in der Einkommensteuerskala bis 2800 Mark reichen, zahlten auch Grundsteuer 5193. Die Basis ist also eine sehr unsichere, und jedenfalls würden 15 Sitze bei der geringen Zahl und Steuerleistung der Gruppe gegenüber anderen Gruppen, zumal solchen, die ganz ausfallen sollen, eine zu hohe sein. Aber wie dem auch sein mag, jedenfalls möchte ich glauben, daß die Bezirkswahlen eine größere Gewähr dafür bieten, daß hervorragende intelligente Landwirte der Kammer zugeführt werden, und das ist doch die Hauptsache.

Ähnlich ist die Lage bei den Kleingewerben und dem Handwerk. Hier beginnt nach dem Gesetz, die Handels- und Gewerbekammern betr., die Wahlberechtigung mit 600 Mark, das ist also der Satz, mit dem vor dem Gesetze von 1896 die Wahlberechtigung gegeben war, und dessen Niedrigkeit eben zum Erlasse des neuen Wahlgesetzes Anlaß gab. Wollte man aber annehmen, daß im Kleingewerbe und Handwerk die Sozialdemokratie nicht vertreten sei, so würde dies ein bedenklicher Irrtum sein. Eine Untersuchung, die Dr. Blank veröffentlicht hat[1], gibt eine sehr interessante Schätzung des Anteils des Bürgertums an der sozialdemokratischen Wählerschaft. Der Verfasser kommt auf Grund einer Vergleichung der Wahlstatistik mit der Berufsstatistik zu dem Ergebnis, daß die bürgerlichen Elemente in den Wahlen von 1893, 1898 und 1903 mindestens ein Viertel der sozialdemokratischen Wählerschaft ausgemacht haben, und er setzt als bekannt voraus, daß hierbei Handwerker, kleine Kaufleute, überhaupt kleine selbständige Gewerbetreibende der verschiedensten Arten mit enthalten sind. Bebel hat einmal gelegentlich in einer Reichstagsrede bemerkt, in den Städten

---

[1] Dr. Blank, Über die soziale Zusammensetzung der sozialdemokratischen Wählerschaft Deutschlands im Archiv für Sozialwissenschaft pp., Bd. 20, S. 507.

seien jetzt alle Handwerker Sozialdemokraten; ist nun auch das wohl übertrieben, so ist doch die Gefahr nicht zu unterschätzen, daß es der Sozialdemokratie gelingen werde, in der Gruppe der Gewerbetreibenden sich Sitze zu erobern; jedenfalls kann mit Sicherheit nicht darauf gerechnet werden, daß gewerbliche Sachkenntnis zur Geltung kommen werde; auch hier dürften die Kommunal- und Bezirkswahlen größere Garantien bieten. Allerdings will die Regierungsvorlage eine Beschränkung beifügen, nämlich, daß die Wähler als Handwerker einer Innung angehören oder in ihrem Betriebe mindestens e i n e zur Invaliditätsversicherung pflichtige Person beschäftigen. Ob das aber einerseits eine ausreichende Sicherung bietet, und ob dadurch nicht andrerseits junge aufstrebende oder alte brave Handwerker, die noch keinen oder keinen Gesellen mehr beschäftigen, unbilligerweise um ihr Wahlrecht kommen, läßt sich schwer im voraus beurteilen.

Endlich aber erscheint mir die ausschließliche Berücksichtigung von Landwirtschaft, Handel und Industrie und Gewerbestand bei den Berufswahlen auch nicht gerechtfertigt. Es würde dies dem Erfordernis der V o l l s t ä n d i g k e i t, das Schäffle mit an die Spitze seiner Postulate stellt, doch zu wenig entsprechen und den Vorwurf der Privilegierung, den er lebhaft bekämpft, rechtfertigen. Wenn das Dekret S. 42 für diese Ausschließung die geringe Zahl der übrigen Berufe im Verhältnisse zu den bevorzugten Hauptberufen anführt, so fällt dieser Grund ganz aus dem leitenden Gedanken der Berufswahlen heraus; es soll ja hier eben nicht die Zahl, sondern die Bedeutung des Berufs für das ganze Staatsleben in Anschlag gebracht werden, und da muß man doch sagen, daß zahlreiche andere Berufe eine Beachtung wohl beanspruchen können. Übrigens ist das numerische Mindergewicht gar nicht bei allen Berufen so bedeutend; so stehen den 59 572 selbständigen Landwirten, die 15 Abgeordnete erhalten sollen, 48 155 Beamte, 32 308 Rentner und ohne Berufsangabe, 9968 Lehrer gegenüber. Es muß daher zur vollständigen Ausbildung des Systems entschieden der Versuch gemacht werden, auch andere Berufe noch heranzuziehen. Für einige derselben würde dies auch ohne Schwierigkeit möglich sein, indem man die bestehenden Organisationen benützte.

So a) für die Rechtsanwälte. Hier kann man entweder die Anwaltskammer des Oberlandesgerichts Dresden zum Wahlkörper machen oder auch dem Vorstande die Wahl übertragen.

b) Für die ev.-luth. Geistlichen. Hier würde die Synode einen geeigneten Wahlkörper bilden; allerdings wäre dabei insofern eine Schwierigkeit vorhanden, als die Synode alle fünf Jahre einberufen wird, während die Landtagsperioden sechsjährig sind; die Wahlen auch dem Synodalausschuß zu übertragen, würde wohl auch Bedenken gegen sich haben, da in dem Ausschuß nur drei Geistliche sind. Bei der geringen Zahl der Geistlichen — die Wahlstatistik verzeichnet 1439 — würde es aber auch keine großen Schwierigkeiten verursachen, direkte Wahlen schriftlich vornehmen zu lassen. Eine Vertretung der Geistlichen anderer Konfessionen und Religionen wäre wohl nach dem Charakter des Landes nicht in Aussicht zu nehmen, zumal die katholische Konfession in der ersten Kammer vertreten ist. Wohl aber dürfte die evangelisch-lutherische Konfession, obschon auch sie in der ersten Kammer vertreten ist, auch in der beruflichen Gruppe der zweiten Kammer nicht fehlen.

c) Ärzte. Auch hier würde, wie bei den Rechtsanwälten, die Organisation des Standes nach der Ärzteordnung vom 15. August 1904 eine geeignete Grundlage bieten; vielleicht könnte die Wahl in gleicher Weise wie zum Ehrengerichtshofe durch die Mitglieder der fünf Ärztekammern unter

Leitung des Präsidenten des Landes-Medizinal-Kollegiums stattfinden.

An derartigen Standesorganisationen fehlt es nun für die Lehrer, allein dies dürfte kein unübersteigliches Hindernis bieten. Da die Wahlen doch wohl durch das ganze Land als einheitlichen Wahlbezirk zu erfolgen hätten, so würde die für die allgemeinen Wahlen einzusetzende Landeswahlkommission die geeignete Zentralstelle bilden, der für die bezüglichen Berufswahlen Beisitzer aus dem betreffenden Berufe beigegeben werden könnten. Sie würde die Wahlen mittelst schriftlicher Abstimmung der Wahlberechtigten vornehmen lassen. Es würde dann nur die Wahlberechtigung und die Zahl der Abgeordneten festzusetzen sein. Was zunächst den ersten Punkt anlangt, so würde wohl zwischen den Lehrern an höheren Schulen und zwischen denen an Volks- und Fachschulen zu unterscheiden sein. Den ersteren würden die Professoren an denjenigen Hochschulen beizuordnen sein, die nicht in der ersten Kammer vertreten sind. Der ersteren Abteilung könnte etwa ein Sitz, der zweiten zwei Sitze eingeräumt werden.

Die größten Schwierigkeiten dürften die Gruppen bereiten, in denen viele, unter sich aber sehr verschiedene Berufsstände zusammengefaßt sind, so die Beamten mit 48 155 Wahlberechtigten, Künstler und sonstige Privatgelehrte mit 3258, ohne Beruf und Berufsangabe einschließlich Rentner, Auszügler mit 32 308. Ich habe deshalb das statistische Landesamt um eine weitere Zergliederung dieser Gruppen wenigstens für ein paar Wahlkreise gebeten; allein eine solche würde nur auf Grund der Wahllisten möglich sein, die sich jedoch zurzeit nicht mehr im Besitze des statistischen Landesamtes befinden. Für die Gruppierung der Berufe ist im allgemeinen das für die Berufs- und Gewerbezählung vom 14. Juni 1895 maßgebend gewesene „Systematische Verzeichnis der Berufsarten" (Statistik des Deutschen Reichs, Neue Folge, Bd. 102, S. 31 fg.) benutzt worden. Hier würde also zuvörderst noch die Statistik vorarbeiten müssen. Es würde meines Erachtens allerdings wohl nötig sein, eine Differenzierung vorzunehmen nach Bildung, Stellung, Einkommen, vielleicht auch Alter, aber ich sollte meinen, daß eine solche auf Grund guter statistischer Unterlagen wohl möglich wäre, und eine solche, selbst nach Census, würde innerhalb der Berufe nicht nur zulässig sein, sondern sogar dem Gedanken der Berufsvertretung entsprechen. Dabei würde dann auch eine Berücksichtigung der zahlreichen Gruppen des kaufmännisch und technisch gebildeten Personales möglich und angezeigt sein; dasselbe beträgt bei Berufsgruppe

I. Landwirtschaft usw. 791
II. Bergbau usw. 503
III. Industrie und Baugewerbe 13475
V. Handel und Verkehr, Versicherungsgewerbe, Beherbergung, Erquickung 10151
                                            24920

Vielleicht fallen auch noch von den häuslichen Diensten (7594) einige darunter.

Aus allen diesen Gründen gelange ich dazu, den Gruppen der Landwirtschaft, des Handels und der Kleingewerbe nur je fünf Sitze zuzuteilen, die dann im Anschluß an die Bezirke der landwirtschaftlichen Kreisvereine, der Handels- und Gewerbekammern von Urwählern zu wählen sein würden. Wird nun daneben durch meine Vorschläge auch eine vollständigere Vertretung anderer Berufe nahezu erreicht, so bleibt daneben doch das Bedürfnis bestehen, eine möglichst vollständige Vertretung durch die allgemeinen Wahlen herbeizuführen. Dies namentlich auch wegen der Vertretung der Arbeiter. Sollten wir Arbeiterkammern bekommen, so würden darin ja geeignete Organe gefunden werden können, die eventuell zu benutzen wären. Ich habe daran gedacht, daß etwa die Organisationen für die Rentenversicherungen mindestens bis auf weiteres einen Anhalt bieten könnten, allein auch diese gehen vielleicht einer Reform entgegen, und es erscheint deshalb zurzeit ausgeschlossen, Verfassungsbestimmungen an sie anzuknüpfen. Man wird sich daher dabei beruhigen müssen und können. daß die Arbeiter bei den allgemeinen Wahlen eine sehr ausreichende Vertretung finden dürften.

Ich fasse nunmehr meine Vorschläge in folgendem zusammen:

1. Die zweite Kammer wird, wie die Regierung vorschlägt, zu einem Bruchteile gebildet durch allgemeine Wahlen, zu einem anderen Teile durch Berufswahlen.

2. Die allgemeinen Wahlen erfolgen aber nicht, wie die Regierung vorschlägt, durch direkte Wahlen nach drei durch einen absoluten Zensus gebildeten Abteilungen, sondern **durch Verhältniswahlen nach allgemeinem gleichen direkten Wahlrecht, für die das ganze Land einen Wahlbezirk bildet.**

3. Das von der Regierung vorgeschlagene Berufswahlsystem wird in folgender Weise verändert bezw. ergänzt:

Die Vertretung von Landwirtschaft, Handel und Industrie und Kleingewerbe, wofür die Regierung 35 Sitze vorschlägt, wird eingeschränkt auf 15, dafür treten hinzu:

a) Abgeordnete der eximierten Städte, gewählt durch Rat und Stadtverordnete in gemeinsamer Sitzung, und Abgeordnete der nach Kreishauptmannschaften zusammentretenden Bezirksverbände, gewählt durch die vereinigten Bezirksversammlungen nach dem System der Verhältniswahlen.

b) Vertreter der Rechtsanwälte, Geistlichen, Ärzte, Lehrer, Beamten, des kaufmännischen und technischen Hilfspersonals, der Rentner usw. Soll ich diese Vorschläge auf Ziffern bringen, so würde ich mir etwa folgende Gruppierung denken:

42 aus allgemeinen Wahlen: es würde dies ungefähr einen Sitz auf 100 000 Einwohner nach der Bevölkerungszahl von 1900 ergeben,
5 Landwirtschaft,
5 Handel und Industrie,
5 Kleingewerbe,
24 aus öffentlich-rechtlichen Körperschaften, nämlich:
   2 Dresden-Stadt,
   2 Leipzig-Stadt,
   1 Chemnitz-Stadt,
   3 Kreishauptmannschaft Bautzen,
   4 „ Chemnitz,
   4 „ Dresden,
   4 „ Leipzig,
   4 „ Zwickau,

Sa. w. o.
1 Rechtsanwalt,
1 Arzt,
2 Geistliche,
1 Lehrer an höheren Schulen usw.,
2 Lehrer an Volksschulen usw.,
2 Beamte und übrige Berufe.

90.

Es würde diese Ziffer ja über die bisherige Zahl hinausgehen, aber doch ungefähr der gewachsenen Bevölkerung entsprechen, ein Abgeordneter auf rund 50 000 Einwohner nach der letzten Volkszählung. Sollten Plauen und später Zwickau eximiert werden, so könnten sie, wie oben bemerkt, je einen Abgeordneten erhalten; allerdings würde die Zahl nicht mehr durch drei teilbar sein; indes ist es ja nicht nötig, daß die drei Teile, die zum Ausscheiden kommen, absolut gleich sind.

Das wären also meine Vorschläge; ich sehe davon ab, die von anderer Seite neuerdings gemachten Vorschläge einer Beurteilung zu unterziehen; ich habe mir nur die Aufgabe gestellt, meinerseits den Versuch zu machen, einen Weg zu zeigen, den ich für gangbar halte. Ob ihn andere dafür erachten, unterstelle ich ihrem Urteile. Der leitende Gedanke ist für mich der gewesen, eine Wahlordnung zu finden, die möglichst billig gegen alle Klassen der Bevölkerung ist, ein möglichst vollständiges Bild des Staatsorganismus in der Repräsentation des Staates zum Ausdruck bringt, dem politischen Leben des Volkes Befriedigung schafft und zugleich die tunlichste Gewähr dafür bietet, daß Intelligenz und Sachkenntnis der Volksvertretung zugeführt werden. Wenn es mir nicht gelungen sein sollte, diesen Gedanken in meinen Vorschlägen zu verwirklichen, so möchte ich doch wenigstens hoffen dürfen, daß meine Ausführungen zur Klärung der verwickelten Sachlage und damit zu einer baldigen befriedigenden Lösung der für die Geschicke unseres Sachsenlandes so wichtigen Frage beitragen.

Fürst Bismarck sagt in seinen „Gedanken und Erinnerungen" (Bd. I, S. 15): „Mir hat immer als Ideal eine monarchische Gewalt vorgeschwebt, welche durch eine un= abhängige, nach meiner Meinung ständische oder berufsgenossenschaftliche Landesvertretung so= weit kontrolliert wäre, daß Monarch oder Parlament den bestehenden gesetzlichen Rechtszustand nicht einseitig, sondern nur communi confessu ändern können, bei Öffentlichkeit und öffentlicher Kritik aller staatlichen Vorgänge durch Presse und Landtag." In der Richtung auf ein solches Ideal sollen auch meine Vorschläge sich bewegen.

Printed by Libri Plureos GmbH
in Hamburg, Germany